余英時文集——13

近代文明的新趨勢

十九世紀以來的民主發展

余英時——著

余英時文集編輯序言

聯經出版公司編輯部

余英時先生是當代最重要的中國史學者，也是對於華人世界思想與文化影響深遠的知識人。

余先生一生著作無數，研究範圍縱橫三千年中國思想與文化史，對中國史學研究有極為開創性的貢獻，作品每每別開生面，引發廣泛的迴響與討論。除了學術論著外，他更撰寫大量文章，針對當代政治、社會與文化議題發表意見。

一九七六年九月，聯經出版了余先生的《歷史與思想》，這是余先生在台灣出版的第一本著作，也開啟了余先生與聯經此後深厚的關係。往後四十多年間，從《歷史與思想》到他的最後一本學術專書《論天人之際》，余先生在聯經一共出版了十二部作品。

余先生過世之後，聯經開始著手規劃「余英時文集」出版事宜，將余先生過去在台灣尚未集結出版的文章，編成十六種書目，再加上原本的十二部作品，總計共二十八種，總字數超過四百五十萬字。這個數字展現了余先生旺盛的創作力，從中也可看見余先生一生思想發展的軌跡，以及他開闊的視野、精深的學問，與多面向的關懷。

文集中的書目分為四大類。第一類是余先生的**學術論著**，除了過去在聯經出版的十二部作品外，此次新增兩冊《中國歷史研究的反思》古代史篇與近代史篇，收錄了余先生尚未集結出版之單篇論文，包括不同時期發表之中英文文章，以及應邀為辛亥革命、戊戌變法、五四運動等重要歷史議題撰寫的反思或訪談。《我的治學經驗》則是余先生畢生讀書、治學的經驗談。

其次，則是余先生的**社會關懷**，包括他多年來撰寫的時事評論（《時論集》），以及他擔任自由亞洲電台評論員期間，對於華人世界政治局勢所做的評析（《政論集》）。其中，他針對當代中國的政治及其領導人多有鍼砭，對於香港與台灣的情勢以及民主政治的未來，也提出其觀察與見解。

余先生除了是位知識淵博的學者，同時也是位溫暖而慷慨的友人和長者。文集中也反映余先生**生活交遊**的一面。如《書信選》與《詩存》呈現余先生與師長、友朋的魚雁往返、詩文唱和，從中既展現了他的人格本色，也可看出其思想脈絡。《序文集》是他應各方請託而完成的作品，《雜文集》則蒐羅不少余先生為同輩學人撰寫的追憶文章，也記錄他與文化和出版界的交往。

文集的另一重點，是收錄了余先生二十多歲，居住於**香港期間**的著作，包括六冊專書，以及發表於報章雜誌上的各類文章（《香港時代文集》）。這七冊文集的寫作年代集中於一九五〇年代前半，見證了一位自由主義者的青年時代，也是余先生一生澎湃思想的起點。

本次文集的編輯過程，獲得許多專家學者的協助，其中，中央研究院王汎森院士與中央警察大學李顯裕教授，分別提供手中蒐集的大量相關資料，為文集的成形奠定重要基礎。

最後，本次文集的出版，要特別感謝余夫人陳淑平女士的支持，她並慨然捐出余先生所有在聯經出版著作的版稅，委由聯經成立「余英時人文著作出版獎助基金」，用於獎助出版人文領域之學術論著，代表了余英時、陳淑平夫婦期勉下一代學人的美意，也期待能夠延續余先生對於人文學術研究的偉大貢獻。

編輯說明

一、本書原於一九五三年在香港由自由出版社出版，後於一九八四年與《民主制度之發展》合輯為《西方民主制度與近代文明》，在台灣由漢新出版社刊行。《西方民主制度與近代文明》書前之重版識語，列為本書之附錄。

二、原書之按語依原本之形式編排於文中，並以楷體標出。本書新增之編按，另以註釋註出。

三、書中所引之西方專有名詞、人名，盡可能採取作者原本之譯名，不特意改為現今常見之譯名。

目次

自序

早在我寫《民主革命論》一書的時候，就曾有朋友建議我寫一本近代革命史。後來我因為考慮到中國一般讀者對西方歷史文化的認識太淺，與其寫一部革命史，倒不如以民主主義為主題來敘述西方自文藝復興以來的種種社會變遷，比較更能適合當前文化界的需要，這便是本書撰寫的最初緣起。

老實說，《近代文明的新趨勢》是一個大題目，憑我個人這一點淺薄的歷史知識，是根本沒有資格動筆的。但是當西方極權主義的洪流已經淹沒了我們祖國的時候，我們是沒有理由可以閉上眼睛，對西方近代文明不加聞問的。極權主義是西方近代文明的病症，這病症本和我們無關，而我們竟不幸先蒙其害。由此可見，近代文明已具有世界的性質，我們既無法拒絕它的挑戰，就得徹底地去瞭解它，看看它究將何去何從，我們又到底應該選擇那一條路。基於這一考慮，我終於大膽地寫成了這本書。

正像拉斯基（Harold Laski）教授在他的《歐洲自由主義的興起》一書的序言中所說的：「我希望讀者注意，這實在祇是一篇論文。在這樣的篇幅中，對這一論體，我所做的是不可能超乎提綱挈要以上的。」我這本書，與其說是「書」，倒不如說是論文——一篇較長的論文。在結構方面，我力求系統化；希望人們讀後可以認清近代文明的大脈絡。面對著浩如煙海的史實，在取材上我實已精鍊到無法再精鍊的程度；但寫成後仍然超出了預定的字數，這實在是不得已的事。本來還準備寫一章關於中國民主的前途問題，以為全書的結束；現在這一計劃祇好放棄了。

本書的論點在很多方面是和《民主革命論》一書相通的；前者是縱的敘述，後者則是橫的論列。因此，我希望讀本書的人同時也能參考那本書。

成書倉卒，掛漏在所難免，錯誤更不會少；謹期盼讀者們能不斷地給我指教和批評！

余英時　一九五三年四月二十日在香港

第一章

導論

一

中國有一句成語：「一部廿四史不知從何說起。」其實近代文明的千頭萬緒，其複雜的程度遠在「一部廿四史」之上；企圖在短短的篇幅中把它清理得頭頭是道、秩序井然，才真令人體味到「不知從何說起」之苦。

首先，我必須解釋清楚，我在本書中所用的「近代文明」一詞究竟涵攝著一些什麼內容。我不否認，在基本立場上，我是偏袒人文主義的；我堅信歷史文化的最大意義乃在於它提高了人的價值。顯然，撇開了人，我們復何貴乎歷史文化呢？從這一基本觀點出發，我所看到了的近代文明便是近數百年來環繞著「尊重並提高人的價值」這一中心所產生的一切創造。但是這一觀點並不能使我無視於那種種與人文精神背道而馳的歷史逆流，相反地，我更要積極地指出近代唯物主義、極權主義的根源，及其危害人類文明的基本緣由所在。那麼，什麼是近代「尊重並提高人的價值」的歷史創造呢？在這裡，我願意提出民主主義的大潮流作為近代文明的核心。說民主主義是近代史的主流，似乎已經成為一種陳腐爛調；但是這種說法，出之於政治宣傳或洋八股者極多，出之於真知灼見，深入近代史的內層者卻寥寥無幾。我絕不敢自詡我已經把握住了近代文明的根本精神，不過如果說我在本書所闡釋的民主主義與流俗平時的口頭禪頗有出入，那倒也不會是違反事實之談。我認為近代民主必須上溯到十四至十六世紀的文藝復興，文藝復興的人文精神是近代一切政治、文化，以及經濟的進步方向的開端，儘管這一新文化運動在當時並未能收到現實的效果。文藝復興是新文化啟蒙運動的開始，接著便是一個局面更偉大、範圍更廣泛的文化運動——宗教革命。這兩大文化運動在精神上、時間上都是一貫的；它們奠定了近代文化運動的大方向；也開闢了近代政治、經濟種種革命的途徑，宗教革命本身所牽涉的許多世俗問題便可以證明這一點。繼文化運動之後，自由經濟、民主政治、平等社會各方面的運動也都一一展開。如果我們從時間上觀察，這幾方面的運動幾乎是同時開始的；所以我們根本無法肯定其間誰是原因、誰是結果，誰是主、誰是客。但它們之具有一種共同精神——人文主義，卻是事實。

人們過去把民主主義的內涵局限於政治民主，直到最近才有人提倡全面的社會民主，其實這真是一種不瞭解近代文明的表現。一部近代史自始便是文化、經濟、政治、社會各方面的民主發展；不過我們通常並不把其他方面冠以民主之名而已。社會原是一「有機整體」，我們很難想像有一個社會，在政治上是民主的，在經濟上卻完全違反民主原則；如果有這種不平衡情形發生，社會便一定要動盪不安，結果不是政治民主犧牲於經濟的不民主，便是經濟的不民主被政治民主所消滅。極權國家的建立是前者的說明，近代英、美民主的新趨勢則是後者的註腳。近數十年來很多人認為，英、美有政治民主而無經濟民主，蘇俄有經濟民主而無政治民主，其實這乃是一種割裂社會的整體性的幼稚錯誤。

近代民主主義的內在病症發生在經濟制度方面，資本主義所造成的極端貧富不均，的確使傳統民主一度大為失色，於是極權主義乘機崛起，形成一個巨大的反動逆流。幸而二十世紀以來，西方民主國家已經在調整政治民主與經濟不民主的關係上獲得有效的成果，傳統的民主不僅重獲穩定，而且已邁向更高層的經濟與社會民主的境界中去了。近代文明已開拓了新的方向，發展了新的趨勢；人類前途顯然是無限光明的。

二

基於我們對近代文明的內容的特殊瞭解，對於近代的分期，我們也不能不採取一種新的標準。歷史的分期原是一種不易接近真實的做法；歷史的長流有如黃河、長江，是不可能把它切成幾個片斷。可是由於人類在不同的時代的努力有著不同的重心，所以從大趨勢上著眼，我們似乎也能看到上古、中古、近代每個歷史時代的特殊性。但身臨其境的人們本身並不能意識到這一點。文藝復興的學者絕不瞭解他們在開始著一個新的時代，十七、十八世紀的機器發明家更無從預知他們在歷史上所占據的地位。名歷史家亞當士（G. B. Aadams）在其所著《中古時代的文明》一書中，即認為歷史的分期並無清晰的界線；當一個時代逐漸轉變到另一個時代的時候，當時的主角人物也是毫無所知的，衹有千百年後的歷史家才能夠看得出來。因此，我在本書中所做的歷史分期也衹是一種大體的劃分，而不是僵死的數學公式。這是首先應該向讀者說明的。

我把近代史始於文藝復興的理由前面已約略地說過了。這裡我要說明我對近代史發展本身的一個新的分期法。由於我提出民主主義為近代文明的中心，因此我看出民主在近代有兩個截然不同的階段。從十五世紀到十九世紀中葉是第一個階段，從十九世紀中葉到現在是第二個階段。這種分期是以民主主義鬥爭的對象底變換為標準的：十九世紀中葉以前，民主的對手是專制主義，政治上的國王專制，經濟上的封建專制，文化上的教會專制，和社會上的貴族階級專制；十九世紀中葉以後極權主義成長起來了，一八四八年的《共產黨宣言》是極權主義正式建立的標幟。自此以後，民主便一直在和極權主義或明或暗的鬥爭著；但是直到二十世紀的極權國家出現之後，一般人才開始看清這一點。最初我也曾考慮以一九一七年（蘇俄革命）為民主與極權鬥爭的開始點，後來我又考慮到近代民主主義發源於文藝復興的新文化運動的事實，所以才決定選擇了一八四八年這個日子。

認真地說，近代帝國主義時代的資本主義已有著很明顯的極權傾向；如果照十九世紀下半葉那種歷史潮流發展下去，大資本家遲早是要躍登萬能統治者的寶座的。墨索里尼的極權便部分地代表了大資本家的利益。所以儘管共產主義是以資本主義的反命題的姿態出現的，而在極權這一點上，它二者卻正是孿生姊妹哩！就這一方面而言，民主與壟斷資本主義的鬥爭，也正可以歸之於民主與極權鬥爭的範疇之內。

隨著專制主義到極權主義的轉變，民主主義本身也起了性質上的變化。如果說專制主義與極權主義的關係，是從相對的多元到絕對的一元的發展；那麼民主主義在這兩個階段中的差異也在於：前者的政治、經濟、文化與社會各方面的發展是各自孤立與分散的，而後者則統一成諧和的整體，彼此之間有著適當的呼應。社會發展分散而不統一，某一方面發生了毛病便不容易及時補救，這說明了近代資本主義何以能夠如此地畸形發展。後一階段的民主主義則安全克服了這一弊端，政治與經濟之間已獲得了恰到好處的均衡。但民主主義的統一並非意味著一切社會權力的集中，實際上「分權」依然是民主主義的基本原則；這種統一乃是精神上的統一。好像一個人的成長過程一樣，在孩童時代他雖已具備了一切機能，卻往往不能把它們搭得和諧，所以容易發生毛病；直到他長大成人，他才能對他身上的一切器官有著靈活而協調的運用。現代的民主主義確已經離開了兒童階段，而發展得相當成熟了。不過民主主義並不完全和人一樣，人是有生有死的；而民主卻永沒有死亡的一天。它是一種螺旋式的無限發展體，因此，盧梭才認為完全理想的民主是永遠無法達到的；祇有極權主義者才會用烏托邦的幻想騙人，說什麼共產主義是人類社會進步的最高境界。

瞭解民主主義在近代史上的兩種不同的階段是很重要的，否則我們將失去與極權主義鬥爭的任何信心。

三

自從馬克思的歷史唯物論出世以後，人們開始注意到歷史觀的問題。這並不是說歷史觀是始於馬克思，事實上自有歷史著作以來便已有著歷史觀的存在；不過馬克思對歷史觀的特別強調，促起了人們對這一方面的認識。我在本書中所持的歷史觀是什麼呢？首先，我絕不是一元論的，其次，我更不是定命論的；我無法相信歷史的發展、文明的進步是由於某種單一因素的作用，自然我也無法承認歷史發展是遵循著某種既定的公式。歷史的因素極多，也極複雜；有主觀的、有客觀的。人是主觀因素，自然環境與社會環境是客觀因素。歷史是人的歷史，離開了人便無所謂歷史與文化，顯然在歷史發展中人的因素是要占著最主要的地位；但人並不能任意地決定歷史，因為社會的進化還有其他各種客觀因素，如地理、氣候、政治、經濟、文化……等。前兩項是屬於自然的，後三項則是屬於社會的。社會雖是人創造的，但既經建立之後，它本身也就是一種客觀的存在了。在這許多因素之中，我們如果祇認定一種或數種因素是決定性的，其他則祇有附屬作用，那麼我們便無法見到歷史、見到歷史的真理。誠然，歷史的發展，在上一階段中偏重政治，在下一階段又偏重經濟，這是可能的；但是我們並不能把一個階段的歷史擴大而解釋歷史的全部。馬克思和一切其他一元論歷史觀的史家所犯的錯誤便都是以偏概全，而非一無所見。其實這一時代的社會變化從政治發端，政治便成了主導因素；另一時代的文明進步由經濟開始，經濟便成了主導因素。除了已知的必然因素外，還有未知的偶然因素——機緣；羅素氏在《自由與組織》（*Freedom and Organization*）一書的序言中即強調了這一點。

基於作者本人對於歷史觀的這種瞭解，我在本書中便絕不強調某一因素是決定性的；我祇忠實地根據歷史的真相描繪出近代文明的大輪廓。因為，在我看來，祇有這樣，才能對讀者們有真實的貢獻；才真正盡了一個寫歷史的人應有的責任。

上篇

民主主義與專制主義

（一五〇〇—一八四八）

第二章

新文化的啟蒙（上）——文藝復興（The Renaissance）

一

根據本書的分期標準，文藝復興是歐洲中古史的終結，也是近代史的開始。但就其成為一個「歷史的時期」而言，歷史家對它的性質、原因，以及地理的與年代的範圍都沒有任何一致的見解。據大多數歷史學者的看法，文藝復興大抵是發生在十四到十六世紀的文化運動，而以義大利半島為其發源地。

二

任何一個歷史運動都有其特定的歷史背景，文藝復興當然也不能例外。文藝復興是怎樣發生的呢？我們必須從當時的社會狀況中去尋求答案。中古的歐洲在社會上有兩大統治力量；封建制度與教會。表面上，封建制度統治著世俗的世界，而教會則管轄著精神的世界，但事實上這二者是緊密地結合在一起的，世俗權力所犯的毛病，教會差不多統統都具備了。這兩重力量在當時構成一種絕對的權威。封建制度的具體表現主要是「自給自足的莊園制度」，在莊園制度之內，封建領主是絕對的統治者，而農奴則是束縛於土地之上，殊少自由可言。另一方面呢？教會乃是文化的絕對統治者；一切違反基督教教義的思想或批評教會的言論，都被認為是「異端」，而要受到嚴厲的懲罰。個人的良知既不受尊重，個性亦無從獲得自由的舒展。封建的莊園制度本身，是具有幾乎完全獨立的司法與政治權力，教會也同樣有其一己的特殊權威，而超乎世俗法律的管轄之外。一言以蔽之，中古時代是二元的集體主義束縛著個人的自由。文藝復興在一部分的意義上即是對這種專制的反抗。

但上述這兩重力量，祇是促成文藝復興運動的消極的或反面的因素，實則同時還有若干積極的或正面的力量在推動著這一運動，那便是工商業的發展與城市的興起。封建制度的初期，歐洲到處都在封建勢力的統治之下；十世紀後，由於混亂的社會漸趨安定，工商業遂隨之抬頭，而原來被封建戰爭所摧毀了的古代城市也慢慢地建立起來了。隨著城市的增加，城市居民也展開了許多新穎的活動，這種活動至十二、十三世紀而達到了頂點。這些活動是什麼呢？它的價值何在呢？首先，在政治上，它勇敢地發展出一種自治的原則，以抵抗封建制度的侵犯。起初城市居民向封建領主購買「憲章」，以獲得城市的獨立；後來由於此種憲章的保障，城市的自治原則愈益確立。尤其是義大利與日耳曼的許多城市，最後並發展為自由共和國。其他如英、法的城市，則有意或無意地助長著王權的建立，而終於形成了現代的民族國家。工商業的進步與城市的興起，在封建社會中劃了一道深深的裂痕，封建的階級制度的均衡因此打破。中產階級開始躍登人類歷史的舞臺，扮演著重要的角色。這一切新生的力量都是要求自由發展的，中古權威的束縛其勢已不能不解除；於是，一個新的自由文化的運動也就成為不可避免的了。

以上所述的祇是歐洲在文藝復興時代的一般狀況。但文藝復興是產生在義大利半島上的，因此，義大利的特殊歷史條件也不容我們忽視。

由於地理位置的優越，義大利自十一世紀商業復興以來，便一直是東西貿易的轉運港。因此奠定了它在歐洲的經濟霸權。在此種基礎之上，義大利的商業資本主義發展得特別早，這是經濟上有利於文化發展的條件。因為財富產生了閒暇，使文學、藝術……等活動更為可能。

三

義大利在政治上的演進也很特殊；在它的中部與北部，十三世紀末葉時，封建制度便已消失了。代之而起的是具有獨立性的城市國家，封建領主受了財富與政治權力的誘惑，遂轉而與商人聯合爭取城市的獨立。最初，義大利各城邦之中黨爭甚為激烈，頗妨害經濟與文化的發展。後來開明專制的制度產生，城市生活始獲得安定。這些專制的統治者對文學、藝術頗為愛護，他們不惜以財富培育之，這實是文藝復興的另一重要的動力。

義大利城邦的社會與文化演進也是促成文藝復興的主要因素。前面我們已經提到貴族階級與中產階級的融合，其後一切中古的階級也都匯合起來，構成了一個較為平等的社會。義大利城邦中的階級分野即使還未完全消除，但其差異也不再是以出生，而是以財富與文化程度為根據了。義大利的文化很早就和財富聯繫了起來，因之，它的文化便具有更多的世俗的成分。同時，義大利的教會不僅喪失了它的權威，而且教會本身也更世俗化了。此外，一四五三年君士坦丁堡的陷落，使得許多學者與藝術家避難到義大利半島，歷史家咸認為這是文藝復興的一個偶然因素。

四

明白了文藝復興的歷史的與地理的背景與條件，我們可以進而討論這一運動的本身了。

文藝復興是一個新文化的啟蒙運動，雖然伴隨著此一運動而來的有工商業的進展、資本主義的成長、民族國家的興起、新航路與新大陸的發現等等，但這些都祇是次要的，而且有些多少還是受著文藝復興運動的影響，因此，在這裡我們的研討便不得不限於文化範疇之內。

文藝復興並不簡單地是古典的文學、藝術的復活，倒是新的學術的創建；這就是說，它不祇包括了「再生」，而且還涵攝著「新生」。不過再生與新生實際上乃是一體的兩面，而非兩個截然不同的東西。這一體又是什麼呢？簡言之，便是「人」的重新發現。前面我們已看到，中古基督教的神學是如何桎梏著個人的創造力；文藝復興的學者與藝術家便正是要擺脫此種桎梏，而另創造一個以人為中心的藝術與學術的世界。人類是歷史性的動物，他不能完全與已往的歷史傳統隔絕，因此，文藝復興時代的智識分子首先便在過去的古典文化中尋求新文化的憑藉，這正與中國傳統智識分子的托古改制的故事有同樣的深長意味。他們在這一方面的表現便是所謂「古典主義」。但古典主義的本身並不是這一新文化運動的最終目的，人們不過是要藉它以肯定人的價值而已。所以，文藝復興的另一潮流乃是「人文主義」。正如「再生」與「新生」一樣，古典主義與人文主義也是分不開的，它們構成了文藝復興的全部意義。

五

文藝復興雖是一個革命性的運動，但它的進程是很緩慢的，當時的人們對之並無如何顯著的感覺。而「文藝復興」一詞之所以通用，還是十九世紀中葉的事。

古典主義的最基本的意義，是希臘羅馬的古典文化的復興。歐洲在中古時是否已與希臘羅馬的古典文化完全隔絕了呢？並非如此，歐洲人一直是把希臘人與羅馬人當作他們的前驅的。古典的文學依常為中古教會所沿用；東羅馬用希臘文，西羅馬用拉丁文。古代的建築也繼續被教會奉為模範。古典的作家如維吉爾、西思羅諸人，在中古也一直被人們珍貴著。羅馬法在中古大學中占據了很重要的地位，而中古的科學如：天文學、醫學、化學等也各有其古典的來源。尤其是希臘哲人亞里士多德最為教會中人所尊崇。儘管古典文化在中古如此普遍，但是一般地說，這些古代的文學、藝術、哲學和科學卻都已蒙了一層基督教的精神，與它們原來存在的意義大有出入。譬如：教會之所以尊崇亞里士多德，便是為了要建立起他們自己的經院主義的神學與哲學的體系。而古代科學之存在也基於同樣的宗教原因，托勒麥（Ptolemy）的天文學倡「地球中心說」，恰與《聖經》上的宇宙論相吻合，於是遂成為不容懷疑的教條。正是為了這種種緣故，歷史家把文藝復興時代所流行的古典主義稱之為古典文化的再生，以區別於中古時代的古典文化。

十四世紀後，歐洲人對古代的經典著作的愛好便超出了宗教或倫理的範圍，也不完全是基於實用的理由。這種愛好，基本上包括對古希臘與拉丁的經典文學作品的研究，對一切形態的古代文明的盲目崇拜，以及根據古典模式再造美術與生活方式的一種自覺努力。

在這裡，讓我們從幾個古典主義與人文主義的學者說起，藉以明瞭當時的文化趨勢。文藝復興的第一位學者是柏特拉克（Petrarch, 1304-1374）。柏氏是一個古典文學的研究者，同時也是著名的詩人。但他在思想史上的地位則基於前者，而非後者。他對拉丁文有高深的造詣，對希臘文則知道得很少。所以他的研究也偏重在拉丁經典一方面。柏氏在當時學術界起了極端重要的革命性作用與影響；他提倡一種人文主義的教育，又發起設立圖書館以保存維吉爾、霍拉士、西思羅、李維，以及其他拉丁詩人、歷史家與哲學家的著作原稿。因此，歷史家通常都譽之為文藝復興的文化前鋒、第一位人文主義者與第一個近代人。

新文化啟蒙中的第二位大師，該數到文學家薄伽丘（Boccacio，卒於一三七五年）。薄氏也是一位人文主義的學者，他是柏特拉克的朋友，對於古典主義的提倡也不遺餘力，但其貢獻偏重在文學方面，著有《十日談》（*Decameron*），為新文藝的開端。

此外，語言學方面有布魯尼（Leonardo Bruni）、布拉丘里尼（Poggio

Bracciolini）都是拉丁文與希臘文的專家，也是古典語言學的先驅。歷史學方面，逐漸興起了一種以真實史料為根據的批判學派。發拉（Lorenzo Valla）因此證明 *Donation of Constantine*（按：*Donation of Constantine* 是八世紀時教會偽造的一種文件，它假托君士坦丁大帝贈給教會以若干世俗的權力，實則並無其事。）是一紙偽造的文件。同時，十六世紀末、十七世紀初的三大畫家——達文西（Leonardo da Vinci）、米開蘭基羅（Michelangelo）、拉斐爾（Raphel）更是我們所非常熟悉的新文化運動中的啟蒙大師。

這些文藝復興時代的學者、藝術家差不多都具有繼往開來的特色，就其繼往說是古典主義，就其開來說則是人文主義。所以，古典主義和人文主義根本上是相通的。人們為什麼要喜愛希臘羅馬的古典文化呢？還不是因為其間充滿著自由活潑的人文主義的精神嗎？

六

現在，我們來談談人文主義。西方歷史家通常把文藝復興與人文主義當作一回事，其重要性於此可見。最初以 Humanitas（按：Humanitas 一字原本於希臘的西思羅氏。西氏用此字的意義，乃是指著一種最尊重人的尊嚴的文化或自由藝術的教育而言。）一詞名文藝復興的新學術者是布魯尼，由此才演成英文 Humanism。什麼是人文主義呢？最簡單的說法乃是尊重人的地位。社會以至宇宙的中心是人類而非神或上帝。人們如果要重獲最優美的生活，便得珍貴那些自然的、人性的與感官的事物，而不應追逐那種超自然的、神學的、苦修的人生。因此，滿足便比犧牲要好；人應該把自己及其同類看作比上帝更為重要。文藝復興的學術便正是建築在此種人文主義的基礎之上；凡是有助於此目標之實現的學術都被尊之為「人文學」（Humanities），而受到激勵；反之則否。到了十七世紀，久已被應用的拉丁文遂成為歐洲各大學中的正式學科，而其著重點也從語言學移到異教文學方面。同時，希臘文也被列入了大學的課程。

人文主義是近代文明的最基本的精神；從此一精神上遂派生出一種極有力的歷史潮流，那便是婦孺皆知的個人主義（individualism）。如果說人文主義是提高全人類在宇宙中的地位，以對抗基督教的神道權威，那麼個人主義便是提高個人在社會上的地位以對抗傳統的封建束縛；而首先倡導並實踐個人主義的便正是當時的人文主義者，由此可以看出二者的關係是如何的密切。中古的社會是以群體來束縛個人的，要個人成為群體的工具；個人主義則公開地為個人爭取解放與自由，而反對一切權威與傳統。所以，個人主義的中心便是自由。由於個人獨立人格之獲得肯定，近代民主的基礎便穩固地建立起來了；民主政治、自由經濟、思想解放……無不是此種個人主義的精神擴展的結果；但是，追源溯始，我們不能忘記，這些都是近代人文主義所開放出來的燦爛的花朵。

七

最後，我要略費篇幅來敘述一下近代自然科學的新開端，因為這是文藝復興的新文化啟蒙運動中極端重要的一方面。在未涉及科學發展之前，有一件事是我們所必須知道的，那便是印刷之發明。印刷的發明是近代學術研究的最重要關鍵，在中古時代，一切書籍都是手抄的，紙也是羊皮製的，因此書的代價高得驚人，非極富有的機構或個人是無力研究學問的。近代印刷之完成，最初包括兩項重要的過程。一是活字版的發明，一是紙的改良。大概到了十五世紀中葉，這兩方面的發展都已臻成熟階段，文藝復興也因此獲得了更有力的推動。

近代科學也是在古希臘所已發明了的科學基礎上發展起來的，其中尤以地理學、天文學、數學與醫學最為顯著，茲分別敘述於後。由於文藝復興時代的商人、航海者，以及旅行家對地中海方面的海岸與航路都獲有直接的知識，遂使地理學與地圖學大為進步；最後終於促成了新大陸與新航路發現。

數學方面，文藝復興時代的歐洲除了繼承了古希臘的算術與幾何外，尚自阿拉伯人處獲得了代數與阿拉伯數字，這和以後的數學發展有著重要的關係。

其時，科學上最具革命性的進步乃是哥白尼（Copernicus, 1473-1543）的天文學之否定托勒麥的天文學。哥氏承受了義大利的人文教育，接觸到了希臘哲人畢達哥拉斯派的天文理論，遂發展成他的太陽中心說。他不僅認為地球是每年環繞太陽轉動一周，而且它本身也是每二十四小時自轉一周。他的名著《論天體運行》一書著成後，因懼於教會權威不敢發表，直到他死的那年（一五四三）方才出版。此一新發現，後來終於動搖了人們對教會權威的信念。繼倡此說者，有克普勒、伽里略諸人。

前面已說過，希臘的醫學在中古時仍有所發展，所以文藝復興時，這一方面的進步顯得並不太大。但兩位義大利的教授歐斯塔丘（Eustachio）與法羅彪（Fallopio）對解剖學的貢獻依然很重要；西班牙人塞維塔士（Servetus）則發現了血液的呼吸循環的原理。此外，十六世紀時，尚有巴拉色薩斯（Paracelsus）、弗撒流士（Versalius）諸人也是醫學史上的功臣。不過，希臘的醫學在文藝復興的初期雖然有助於近代醫學的進步，到後來卻反而阻礙它的發展，所以巴拉色薩斯便一反當時醫學上的古典主義而別創新說。醫學的發展同時又引伸出兩種學問，那便是植物學與動物學。但因為篇幅有限，文藝復興的科學與發明之大概祇能敘述到此為止。

八

我們縱觀文藝復興在各方面的表現，已可瞭然於近代文明的一切開端，但是同時，我們也不能忘記，文藝復興畢竟祇是一個開端，因此我們也無法對它有太高的估價。

我們之所以尊崇這一新文化運動，乃是因為它大大地提高了人的價值，此所謂人的價值之提高，實有兩層意義：一是人文主義的興起，使人逐漸產生一種自我主宰的意識，因而否定了中古教會與封建制度的權威，這是精神上走向民主的第一步；一是近代科學的突飛猛進，使人們獲得了征服自然的工具，後來卒發展到工業革命，創造了一個輝煌的物質文明的新世界。

文藝復興給人類開闢了一個新的生活方式，雖然最初覺醒的祇有少數智識分子，但是逐漸地這種新精神便散布開去，歐洲的整個社會都因而起了根本的變化。宗教革命說明了人類在精神上的解放；封建制度、教會制度之崩潰則是人們在現實世界上爭取自由的結果。

第三章

新文化的啟蒙（下）

——宗教革命（The Reformation）

一

宗教革命在時間上是和文藝復興相銜接的，它開始於十六世紀的上半葉；不僅在時間上如此，在基本精神上，這二者也是一貫的。宗教革命雖然滲雜了種種世俗的因素，但是它的最初動機，以及最終成就都是偏重在宗教方面；所以我們把它的意義限定為新文化啟蒙運動的延續，歷史家也多承認文藝復興是宗教革命的前鋒。

二

義大利的文藝復興有其特定的歷史原因與條件，日耳曼的宗教革命也自有其獨特的背景。

我們都知道，從十二世紀到十六世紀這四百年間，整個歐洲便是一個「基督王國」；教權一直凌駕乎王權之上，二者之間的鬥爭也因之從未間歇。但是在中古時代，教皇權力是至高的，各國國王雖名為最高領主而缺乏實權，故而無力與教權相抗衡。到了文藝復興以後，各國王權如：在法國、英國、西班牙等都壯大了起來，他們公然向教皇挑戰，因此，政教之爭反而日趨激烈。宗教革命前夕的日耳曼卻正是這種矛盾最深的所在。據一般歷史家的意見，除了教會本身的因素外（見下節），宗教革命尚有下面三種最基本的原因。

一、**政治**　歐洲一般的政教衝突既如上述，日耳曼的特殊政治狀況究竟怎樣呢？日耳曼在十六世紀初期還不是一個統一的國家，境內諸侯林立；教皇在日耳曼的權力比在任何其他的西歐地區都要巨大，各諸侯以及一般人民對此已極感痛苦。因此，日耳曼人早就希望通過宗教革命以達成政治的改良。

二、**民族主義**　由於西歐許多強有力的民族國家的出現，日耳曼人的民族意識也開始抬頭了。他們要求民族的獨立與統一，而教會的統治卻恰恰構成了此一要求的最大障礙。同時，日耳曼人看到外國人（教會人士）在他們土地上耀武揚威，又看到每年要送許多稅錢到羅馬教廷去，胸中極為憤懣。因此，為了民族主義，他們也樂於接受宗教革命的到來。

三、**經濟**　十六世紀的日耳曼，在經濟上也正處在發展階段，經濟的發展需要資本的積累，而日耳曼每年送到羅馬去的無數金銀卻都浪費掉了。所以，如果教會權力盤踞不去，日耳曼的經濟發展勢不可能。在這一點上，新興的中產階級與貧困的廣大農民便都成了反教權的同志了。

從這幾點世俗的原因上，我們顯然看到宗教革命的意義是如何重大了。近代民主的最初基礎不就正是政治獨立、民族自主與經濟自由嗎？

三

現在，我們要看一看教會本身之所以引起革命的原因何在。

從十五世紀初葉到十六世紀初葉，教會本身即已墮落到不堪的地步。教皇亞力山大六世、朱里阿斯二世及里奧十世都以貪婪與腐敗著稱。不僅羅馬教廷如此，整個教會中亦莫不盡然。許多教會人士都過著上層階級的世俗生活。無數的主教與僧侶們疏忽了他們的宗教責任，而去從事政治陰謀，或不遺餘力地榨取財富。

這種事實使得十六世紀的許多基督教徒都憎惡教士們的卑鄙，而要求教會來一個改革。另一方面，當時的人文主義學者如：伊拉斯瑪士（Erasmus）、湯瑪士・摩爾（Thomas More）等也根據原始的教義批評這種種罪惡。由此可見，在一般歐洲人的心頭，宗教改革的種子已經埋藏得很久了。

以上所說的尚祇是一般教會的情形，日耳曼的教會則尤為不堪。由於教會在日耳曼境內有著更大的權力，它遂得向人民任意敲詐；它接受賄賂而賣聖職，更以組十字軍進攻土耳其人為藉口，向僧侶們徵收「什一稅」……。凡此種種都引起一般人的深惡痛絕。

宗教革命的直接導火線也正是此類貪汙腐化的行為之一——赦罪書的濫賣。「赦罪書」乃是赦免生前犯了罪的人的死後懲罰。在中古時，要獲得赦罪書可以有種種途徑——祈禱或朝拜若干教堂，或做些其他的「善行」。可是到了後來，教廷為了要增加收入，赦罪書的獲致竟完全改由購買一法。在馬丁路德（Martin Luther, 1483-1656）的時候，這種赦罪書的出賣更是變本加厲；而教會所賣得的錢，也根本不用之於任何神聖的事業，與設置此一制度的原意恰恰相反。

我們略一回溯革命前教會中的腐化情況，顯然已可瞭解：其時基督教的內在革命要求，也同樣是極其迫切的。

四

這裡要簡單地敘一敘歐洲的人文主義。

一般的說，宗教革命亦是人文精神的更進一步的體現；但是歐洲的人文主義者，自伊拉斯瑪士以降，卻沒有積極地擁護馬丁路德的革命，其故安在？殊有探討的必要。

日耳曼的人文主義也是淵源於義大利，然而卻採取了它的特殊的民族形式。義大利的人文主義者是完全與文藝復興的新學術精神合而為一了，他們鄙棄一切中古的傳統，少數異端分子甚且根本放棄了基督教。日耳曼則不然。日耳曼人雖然也為古代學術所激動，但卻沒有沉溺其間。基督教的信仰原是通過日耳曼人才得介紹到西方文明中來的；因此，基督教依然占據了他們的靈魂，而他們對之亦虔信不衰。由於這種特殊的歷史淵源與背景的緣故，日耳曼的人文主義者的注意力往往集中在基督教古義方面。據他們研究基督教原始精神的結果，發現古使徒時代的基督教是簡單而純真的，這和後來躍登國教後的基督教，在精神上已完全不同了。同時，復因為他們搜集到許多關於基督教發展的新穎史料，過去那種盲目信仰與服從的觀點也根本改變了。日耳曼的人文主義者，雖沒有像馬丁路德那樣走上極端的反叛之路，但若干學者依然對舊教會有嚴重的挑戰。首先是，魯希林（Reuchlin）的提倡希伯來文。魯氏於一五〇六年出版了他的希伯來文法與字典，因而引起了德國保守的經院派學者的強烈反對。此一爭論一直繼續了十年之久，它在解放傳統基督教的思想束縛上，有著很重要的意義。

其次是伊拉斯瑪士。伊氏是當時歐洲最偉大的人文主義者，他不僅是位學者，同時還是一位宗教改革家。他對教會的腐敗極感震憤，曾一再地加以攻擊。除了他的古典學術的成就外，他對基督教學術的最大貢獻，乃是《新約聖經》的希臘文譯本，及其拉丁文的新譯本。他把第五世紀以來所一直奉為神聖不可侵犯的舊譯《新約聖經》中的無數錯誤都暴露出來了，因此很有力地打破了一般人對於傳統基督教的盲目信仰。

從人文主義者這種種表現看來，我們實無法不承認人文主義對宗教革命有著直接而巨大的影響力，此所以馬丁路德最初要求伊拉斯瑪士及其他人文主義者支持他的革命運動。儘管人文主義者並沒有接受此一要求，但在精神上，人文主義為宗教革命提供了思想上的基礎則是不容懷疑的。

五

宗教革命並不是馬丁路德一個人創造出來。據有些西方史學家的意見，此一運動的蛋倒是伊拉斯瑪士生的，馬丁路德不過是把它孵成了雞而已。十六世紀以前也曾有過不少次異端之興起，不過沒有一次是成功了的，惟無形中卻都為此次革命打好了基礎。

馬丁路德的家世很窮，他的父親還是一個貧苦的農民，省吃儉用，始得供給路德讀書。路德最初在埃甫特大學攻法律。一五〇五年，因為偶然的事故，才決心獻身宗教。不久，便在威頓堡大學任神學教授。因為受了文藝復興的新學術精神的影響，所以和其他的人文主義者一樣，他也是以基督教古義為其教學的根據；這使得他立刻成為該校的領導教授，而大受學生歡迎。最初，使路德對當時舊教會發生懷疑的是「解救」的問題。我們前面所說的「赦罪書」即是其中之一例。路德不承認人的解救可以由什麼「善行」而獲致，反之，他認為要求解救祇有訴諸一己的良知或信仰。（按：這點頗與禪宗的理論相近似。）因此，他之反對「赦罪書」的濫賣，一方面固是因為教會太腐敗，另一方面則是根本否認它的宗教效力。於是，一五一七年，當羅馬教廷派遣特澤羅到日耳曼來出售「赦罪書」，以期攫取更多的收入時，路德便毅然地加以反對。他直斥此種做法是敗壞基督教教義和欺騙窮苦無知的人民。他提出了他個人批判赦罪書的九十五個論據，並歡迎任何人和他辯論。當他將這九十五個論據貼在威頓堡教堂的堡壘大門前時，立刻轟動了整個教會，數週之內，它便被傳遍了各地，激起了驚人的反響。

此後，從一五一七年到一五二〇年這三年間，路德並沒有積極地擴大其批判的工作，他依然希望他和舊教會之間的歧異能夠獲得調協。但是路德的希望終於幻滅了。一五二〇年，他在威頓堡群眾的喝采聲中，焚燒了教廷頒給他的諭旨；這一極端革命性的行動，遂使他與教會的關係瀕於完全破裂的境地，宗教革命至此才正式地展開。

說到這裡，我們便不能不涉及路德對宗教革命所持的理論根據了。在一五一九年，路德已從懷疑「善行」的教義而邁進到懷疑教會的權威。這一年，他在萊普茲格和一位著名的天主教神學家艾克（John Eck）辯論他的九十五個反赦罪書的論據。他公開承認他的某些觀點，特別是關於人可直接與上帝交通而毋須通過教會之媒介這一點，是與一世紀前的異端分子胡斯（John Huss）的看法相同的。在這裡，我們已經看到了他對天主教的神聖權威之否定。同時，他又寫了三本著名的小冊子——《告日耳曼教會的貴族書》、《論教會的政治化》和《論基督教人的自由》。第一部書是攻擊教士與僧侶的特權，鼓動各諸侯把國家從外人（指教會）的控制下解放出來，並奪取教會的權利與財富；第二部書攻擊教廷與全部聖禮制度；第三部書則是路德新神學的精義所在。他認為「解救」並不是要通過「禮聖」與「善行」等等形式化的歷程，而是人們對自我努力絕對失望之時，直接投向上帝的懷抱。

這祇是路德與教會分裂的經過；接著路德更正式拒絕了羅馬帝國的調停。一五二一年四月十七日，羅馬大帝查理士五世召路德到窩孟斯的參政會，做公開辯論，並特予他以安全的保障。路德亦毫無所懼，毅然前往。當查理士五世問他是否願意放棄所持的見解時，他毫不遲疑做了否定的回答；並堅持要把《聖經》置於教皇與教會的傳統權威之上。最後他說道：「我言盡於此，此外已無能為力。上帝幫助我吧！阿門。」

由於日耳曼各諸侯及人民都公開或暗地支持路德，而且事前又有了保證，查理士終不得不放他走，但後來還幸得佛烈德立克選侯的保衛，才渡過了危險期間。至此，馬丁路德的叛徒命運也完全確定了。

六

宗教革命的初期發難既如上所述，接著我們便不能不進而略述它的發展及其後果。

在此後的數年之間，路德的新教義已不脛而走，傳遍了日耳曼的中部和北部。我們瞭解了前面所敘及的宗教革命之種種原因，對於路德的新理論何以會如此迅速地為全國上下所接受一點，也就用不著感到詫異了。

宗教革命運動的進展，主要得歸功於日耳曼諸侯的竭誠擁護。諸侯為什麼會成為新教的信徒呢？其中還夾雜了一層私利的因素。每當一位諸侯改信新教時，他的第一項措施便是將教會的財產收為己有，以增加他的政治重要性。但儘管如此，事實上他們總是幫助了此一新文化啟蒙運動的成長；我們固不必從動機上去否定他們的客觀價值。

一五二六年，神聖羅馬帝國的參政會復在斯培耶召開會議，他們已目睹日耳曼顯然地分成了路德教與天主教兩派，但仍對此一新信仰的法律地位保持懷疑。同時，會議還發表了一項承認各諸侯的宗教自由宣言。但是，一五二九年，參政會再度召集，羅馬大帝遂命令各諸侯必須加強反異端的法律，而傳統的教會收入也不得移為新教之用。於是，所有路德派的諸侯遂修定了一個合法的抗議書，宣稱他們一定要遵守一五二六年所通過的法律。新教（Protestant）之名即是由此抗議書而產生的。

查理士五世依然不信新教，並宣布要以武力來鎮壓路德的異端。這迫使路德派的諸侯於一五三一年在斯哈瑪加組織了一個互衛同盟；自一五四六年至一五五五年這十年間，日耳曼均陷入零亂的內戰之中。此一宗教的鬥爭，最後終以一五五五年《奧格斯堡和約》而暫告結束，其條件有以下五種：

一、每一位諸侯有權決定他的屬民的宗教信仰。

二、一五五二年以前新教徒已沒收的教會財產仍維持原狀不變。

三、除了路德教以外，任何其他形態的新教均不容存在。

四、舊教國家中的新教徒不得被迫而捨棄他的信仰。

五、任何舊教諸侯如轉宗新教便得放棄其王位。

至此，宗教革命在日耳曼總算已獲得相當的成功，雖非全部的成功。但宗教革命的潮流，並不是僅止於日耳曼境內，丹麥、挪威、瑞典諸國也都先後迎接了它的泛濫，由於篇幅所限，本文祇好從略。

此外，十六世紀的新教也並非祇有路德教一種，其實它至少包括了三個主要的形態：路德教、加爾文教和英國國教。其中，尤以加爾文教的實際影響最普遍而深入，後來已完全取路德教而代之，它不但在革命的程度上要比路德教來得徹底而激烈，同時，在民主原則上也遠較路德教為進步。不過，它的手段太嫌殘暴而毒辣，因此，亦不免對社會有惡劣的影響。國教最初祇導源於英國，但如今美國的「監督教會」也包括在內了。我為什麼不同樣用相當的篇幅來敘述這後兩派新教的發展呢？本文篇幅的限制，固亦是主要原因之一，另一更重要的原因是，本文並非一般性的近代史，而是以民主的革命發展為中心命題的近代史，因此，祇要把握住了其間每一階段的根本精神，我們便毋須津津於史實的堆砌。

七

日耳曼宗教革命所激起的最大社會後果乃是農民革命。因此，我們實有理由要一看此一方面的演變。

在前此的數十年間，窮苦的日耳曼農奴，曾一再揭起了反抗封建領主的革命大旗。但不幸，這些革命都被無情地鎮壓了下去，而同時，農奴的租額與封建義務卻不斷地增加著。復由於商業的發達，中古的單純時代遂成過去，封建主義的生活費用愈益繁多，他們壓搾於農民者亦愈益驚人，這便是宗教革命時的日耳曼農奴之一般狀況。

農奴的生活有如黑暗的地獄，宗教革命則向這一黑暗地獄投上了一道希望無窮的光芒，激起了他們的革命熱誠；於是日耳曼的農民革命便大規模地展開了。

農民們發表了一個《十二條宣言》，其主旨包括如下幾點：一、廢除農奴制度；二、開放貴族所獨霸的禁區，使農民得享有漁獵自由的權利；三、農民為貴族服務須有工資的報酬；四、廢除貴族對農民的專橫懲罰。這些世俗的要求初看似乎與宗教革命無關，但實際上如果我們肯把問題推論到最後，將不難發現：他們之要求身體自由和宗教革命之要求信仰自由，在精神上依然是一致的。農民們雖然不能完全領悟路德新教義的詳細內容，不過大體上，他們還是瞭解其基本的意義何在，這亦可以證明文化革命與社會革命原是分不開的。

在農民革命的初期，路德確是他們的贊助者；及至稍後革命發展到高潮的時候，路德反而畏縮起來。終於，他毫不猶豫地站到諸侯的利益這一方面，協助諸侯去鎮壓革命。（按：這是革命可以轉變為反革命之一好例證，請參閱拙著：《民主革命論》一書中〈論反革命〉的一章。）一五二五年的農民大革命遂因此慘遭撲滅，農民被屠殺者達五萬人之多，自此以後，宗教革命在日耳曼便逐漸地走向保守之路。

宗教革命對近代社會發展的一般影響如何呢？這是我們所必須知道的事。前面我已指出民族主義是宗教革命的動力之一，但是宗教革命興起以後又反過來激勵了民族主義。新教在任何國家都具有抗議「外人」統治的性質，它訴諸民族的情感；而同時，它也採取了民族形式與組織。路德教是很多日耳曼人民以及斯堪底那維亞的若干民族的國家基督教，加爾文教是荷蘭人與蘇格蘭人的國家基督教，當然，英國國教的國家性更是毋庸解說的了。新教方面如此，舊教（天主教）方面亦開始做部分地國家化的演進。所有這些都大大助長了民族主義的意識與發展。

其次，正如宗教革命與民族主義的關係一樣，它與資本主義之間也是相互影響的。路德、亨利八世，以及一切宗教革命家之主張沒收天主教的許多土地，對於要攫取新財源的諸侯與大地主們固然是一個喜訊；而加爾文之宣稱高利貸不該受禁止，對於一味牟利的銀行家、製造家與商人們也無疑是一副興奮劑。

因此，在日耳曼、荷蘭、法國這些因經濟發展了高度資本主義的國家，許多中產階級的分子之擁護新教，殊不足為怪。由於大批教會財產的沒收，各國資本主義也獲得了長足的進步。新教不僅在事實上助長了資本主義，而且還在理論上支持了它。傳統的教義深惡痛絕的牟利精神，加爾文教和若干其他激進的新教卻譽之為「經濟的美德」。這種新理論顯然對社會的革命有所激勵，它為經濟的個人主義提供了一種宗教的認可。

第三，宗教革命最初在政治上造成了一種奇特現象，這現象在現在看來是很壞的，可是在當時卻具有相對的進步性，那便是君主專制。德國、英國和斯堪底那維亞諸國的國王與諸侯，都因宗教革命而獲得更大的權勢與財富。從十六世紀到十八世紀，大多數歐洲國家的王權曾有著驚人的擴展。就王權與民權比較言，前者無疑是民主大敵，但就其與中古的封建和神權政治之對照說，它顯然構成了通向民主的一個必經階段，近代民族國家的凝成事實，不得不歸功於此一新的政治力量。

最後，我們該敘及宗教革命與民主之間的關聯了。這個問題必須分作兩方面說，就宗教革命與其後政治的民主革命之關係言，其影響乃是部分的與間接的；但若把近代民主革命解釋為一個全面的社會變革，則宗教革命（正如文藝復興一樣）不僅直接推動了民主的進程，而且其本身也就是一個偉大的文化面的民主革命。這兒有若干史實足以顯示出宗教革命的民主意義；當時若干較為激進的新教派（尤以組合教派最為顯著），在教會的治理上，自始便採用了徹底的民主原則。雖然路德教、英國國教在實際運用與影響的方面多少偏重了貴族氣質，但這祇是它們進步的程度較差而已，本質上依然無損於他們的進步性。而且，那些少數較為激進的新教當時即已反對君主或階級的權威，因為這種權威，強迫他們接受另一種信仰。因之，在法國、荷蘭、匈牙利、英國這些教派遂因從事反專制爭民主的政治革命而著稱，它們在蘇格蘭、英倫與美洲的政治革命中都起了重要的推動作用；不過，歐洲第一次大規模的民主革命——法國大革命——發生得太遲，所以宗教革命的影響就比較不容易看得出了。整個地說，宗教革命促進了近代的民主革命，則是極其明顯的歷史真理。

八

作為一個新文化的啟蒙運動，宗教革命的最根本意義在何處呢？這是本文要特別提出研討的。儘管上面我們說到了宗教革命的種種社會因素與影響，但是它的最終意義依然是在文化方面。歷史的追溯已使我們瞭然它是文藝復興的人文精神之繼續與發揚；所以它最值得我們歌頌的偉大之處，乃在於提高了個人的價值。誠然，新教教義未涵攝個人主義的原則，但從全面的文化意義上看，最重要的倒不在新教義的內容，卻在產生此一運動的原始精神。

馬丁路德反對舊教的根本論據是說，宗教信仰乃是個人可以憑其一己的良知而與上帝的精神相通，不一定得通過教會權威的壟斷；在這裡個人的人格獨立與思想自由是獲得肯定了。如果說宗教革命的第一重意義是自由與獨立，那麼，它的第二重意義便是容忍異端。最初是，路德新教在日耳曼獲得了存在權；加爾文教、英國國教，以及其他形形色色的教派一個個地建立，中古的宗教定於一尊的局面因此完全打破。宗教容忍與宗教專制在近代歐洲史上扮演著極其重要的角色。這種史實告訴我們，宗教容忍並不是可以輕易得之的，而必須經過極艱苦的奮鬥。顯然，在精神上我們更證據確鑿地找到宗教革命的民主精神；個人自由與獨立、容忍異己……等等原則不正是近代民主的真實基礎嗎？

英國湯姆遜教授（David Thomson）在其近著《平等》一書中，論及宗教革命的精神及其與民主的關係時曾說過這樣一段精闢驚人的話：

「宗教平等的興起正是否定宗教的劃一性；復以強迫劃一信仰的廢案，此一運動終於發揚光大，蔚為壯觀。它不是意味著所有的人都須信仰同一上帝，也不是說所有的人都須在同一方式下信仰上帝。相反的，它意味著人人都應有同樣的自由，根據他們自己良知所指示的方式來信仰上帝——如果良知不讓他們這樣做的話，他們還根本有不信神的自由……在歷史上，它是民主發展史的一個主要部分，如果我們要想認識民主，並用我們這個時代的詞句將民主理想重新加以闡釋的話，我們對它便不得不予以密切的注意。」（見拙譯本三十四頁，人人出版社印行。）[1]
明白了湯氏這一番話，我們對宗教革命所顯示的意義便算完全把握住了。

1 譯文參見本系列「余英時文集」第十七冊《自由與平等之間》附錄三。

第四章

自由經濟的興起——資本主義的發展

一

通常所謂自由經濟，實是資本主義的代名詞。一般維護資本主義制度的人，總喜歡用它來掩飾資本主義的罪惡，避免人們對這一名詞在近代所引起的憎惡之感。

但是，我在這裡採用「自由經濟」為本章之名，無論從動機上或意義上說，都是截然有別的。這不是說：資本主義自始至終都貫穿著自由，而是說，它在初興的階段確曾把人類從封建的束縛性的經濟體制中解放了出來。無疑地，在這一點上，它是和近代民主的方向一致的；也正是因此之故，我才把它當作近代民主主義的一個組成部分來研討。

我的看法，近代資本主義是有著兩個根本不同的歷史階段的，這兩個階段的分水嶺便是工業革命（請參看拙著《民主革命論》中〈論經濟革命〉一章）。根據傳統歷史家的觀點，資本主義有商業的與工業的兩種，其所指的內容也大致和我的分期相近似；但我並不完全同意此類名稱，因為工商業原非可以嚴格分開的：工業既非始於工業革命之後，商業更不是祇存在於工業革命之前。此外，另有一個更重要理由使我避免使用這兩個名詞：西方史學家對兩種不同的資本主義的解釋與分析多是語焉不詳，更未能進而指出它們的不同社會影響。而我在這一章裡，卻正是要根據史實說明資本主義的整個演化過程。

二

大家都知道，歐洲中古是一個封建社會，而封建經濟則是建基於農業之上的。因此，我們首先便得從農業背景上來觀察資本主義之興起。封建社會的最主要特徵乃是束縛，這種束縛表現在何處呢？顯然，封建領主並無被束縛，他們倒是歷史上最自由的人。那麼，受束縛的到底是誰呢？是「依附於土地上」的「農奴」，農奴並不像古代的奴隸，而具有一半的身體自由，封建主亦無權出售他們。這種農奴制度之存在，再加上原始的落後農業生產方法，遂使人類經濟生活在很長時期內停滯在一個點上，而難有顯著的進展。

大約在十六世紀之初，這種農業狀況開始有了一些轉變。隨著這種轉變的發展，自由經濟的基礎逐漸地奠定了。這種轉變便是資本主義的精神在農業上的出現；封建主開始把他們的莊園看作資本主義的企業；換言之，他們所期望於土地者已不祇是生活的維持，而且是利潤的攫取了。傳統的地租是採取著力役與物品的形態的；這時，由於商業的逐漸抬頭，封建主的消費與慾望都增高了，地租遂改為貨幣形態。這一改變的後果是什麼呢？首先是很多農奴之轉化為自由佃農、傭農⋯⋯

等。這樣便開始了農奴制的崩潰。一般地說，西歐的農奴在十六世紀時已大部分獲得了解放。但是我們不要誤解，以為農奴的解放就是對封建主的革命。固然，過去那些沉重的封建義務的解除，一方面也未始不有利於農民的生活。但另一方面，封建主因為可以自由僱傭農民工作，而毋須受農奴制的拘束。（按：農奴雖不能自由離開其土地，封建主卻也不得任意驅逐農奴；因此，即使農奴為封建主耕作不力，封建主亦無可如何。）英國的封建主則為了將土地改成更有利可圖的牧場，而自動解放了農奴。法國的農奴制消失得最早，大約十四世紀時大部分農奴都用錢購得了身體自由。在這裡，我們顯然已看到封建的農民們，已處在與近代資本主義經濟體制下的僱傭勞動者同樣的地位上了。而這兩種農業體制的最主要差異，便在於自由之有無，這是我所以稱它為「自由經濟」的原因之一。

以上所述祇是近代自由經濟在農業上的興起，但自由經濟主要是一種工商業的經濟，所以下面我們要接著看一看中古末期工商業方面的一般狀況。

三

在未談到工商業之前，讓我們略一回溯城市之興起。古希臘羅馬時代的繁榮城市，在黑暗的封建混亂期間，幾乎已消滅殆盡。但是到了第十世紀前後——由於工商業的逐漸恢復，歐洲的城市又一個個建立起來了。尤其自十三世紀以來，歐洲的商業日益興盛，農村對於城市的需要也愈來愈迫切；這樣，商業刺激著工業，工業又助長著商業，城市的力量便迅速地壯大了。到十六世紀時，城市在政治與經濟上都已具有相當重要的影響力。

最初，城市也是在封建制度的束縛之下的；因此城市居民便和農奴一樣地要向封建主（城市的所有人）盡某些義務。後來，有的城市用錢向封建主購買「憲章」以獲得自由與獨立；有的甚至用武力來維持其權益；終於發展出「自治」的原則。

現在我們要說說中古的工商業制度。中古有一種很普遍的工商業組織——商業基爾特。這一制度本是應乎需要而產生的（保護商人的安全，免受封建主的剝削，以及途中的搶劫、監禁……等等），但到了十四、十五世紀以後，卻反而阻礙了工商業的發展。因為，它壟斷了每一城市中的所有生產品的買賣；而且它的嚴密限制也束縛了商人的自由。所以，稍後又興起了一種較為民主的手工業基爾特。手工業基爾特的主要差異，乃在於前者祇管轄一種工業（如：鐵匠業基爾特、鞋匠業基爾特之類），而後者則是一般性的。手工業基爾特的組織包括下面三種人：老闆、職工、學徒。根據最初的規定，學徒出師後即可以升任為職工（工作有酬報），然後再獨立設廠自任老闆。（按：這種組織在近代中國社會中仍不少見，即所謂行會是也。）歷史是最無情的，手工業基爾特儘管曾在某一時期內具有進步意義，隨著工商業的突飛猛進，它也開始走向衰微之道。在十六世紀之初，由於從事工業的人類愈來愈多，加入基爾特的限制也愈來愈苛；同時，過去那種正常的升遷途徑（即從學徒升為老闆），現在也幾乎完全不可能了。而許多基爾特在聯合貿易方面的相互鬥爭，則往往使得若干基爾特降至依賴性的地位。此外，它對生產水準的規定也阻礙了工業技術的改善。一句話，基爾特制度已嚴重地束縛著經濟的自由發展了。

基爾特制度最後大有分裂為資本家與勞工兩大對立的階級的趨勢，其間的剝削與壓迫亦與後期的資本主義制度無殊。它是怎樣沒落的呢？主要得歸之於資本主義的衝激。歐洲的資本主義起始是導源於出口貿易；出口商與每一個市場都有聯繫，同時又擁有大量的財源。因此，他們便可以以更低的價格直接收買原料。例如：早在十四世紀時，義大利（按：義大利在十六世紀以前一直是歐洲商業的中心）佛羅倫斯的布業，便完全操之於少數出口商之手，基爾特根本無從過問。出口商祇須與基爾特中個別分子交涉，即能使此制度受他們的控制。

基爾特制度的衰亡實意味著一種經濟革命，由於這個革命，封建體制下的集體性與束縛性的經濟，遂得解放為個人主義的與自由的經濟制度了。

四

檢討了工商業制度的變遷，我們當再一考察當時歐洲商業發展的大勢。

歐亞之間的商業早在希臘羅馬時代即已開始。但五世紀時的北方蠻族入侵，以及其後基督教與回教的長期鬥爭，舊有的通商之路便很少有人冒險行走了。中古十字軍的東征卻加速了商業的復活；一時威尼斯、熱諾亞、庇薩諸城都因得地利而成為洲際貿易的轉運站，十字軍不僅使義大利商人將東方的商品帶到西方，而且還激起了西方對這些商品的需要。東方的寶貴商品中包括著香料、顏料、絲綢、珠寶、象牙雕刻以及奴隸等等；至於西方運到東方去的貨物則為痲、羊毛、皮革……等。當時所謂東方到底是一些什麼所在呢？大略言之，乃是中國、印度、阿拉伯以及南洋群島。十字軍東征與通商的結果，不僅使歐洲的經濟起了極大的波瀾，而歐洲的文化亦因之受了刺激，如：阿拉伯科學的西傳即是一例。

但歐洲的貿易並不僅止於對外的方面，其內部的商業也正日趨頻繁。不過，無論是歐亞之間或歐洲內部的貿易都受了一種殘酷事實的阻礙，那便是交通困難。歐亞之間因路途太遙遠，其困難固不消說，歐洲內部則由於古羅馬所修建的道路都已毀滅，故亦感舉步維艱。再加上盜賊（多由封建貴族兼任）橫行，商人生涯竟成了一種冒險的職業，這些困難也是導使地理發現的重大因素之一。

五

近代歐洲人的巨大地理發現係基於兩種原因：一是經濟的，一是宗教的。所謂經濟原因，即上面我們所指出的工商業的發展；所謂宗教的則是基督教的傳教。關於第一層，我們已簡略地說過，此處不再贅述；關於第二層，因為它可以部分地否定馬克思的唯物史觀說，所以特別值得一敘。基督教的世界性及其傳教運動是人們所熟知的。十五世紀時，基督教傳教的足跡已走遍了全歐洲，而轉向亞洲和非洲方面發展了；這正與歐洲的商業活動的新趨勢完全一致。但儘管這二者之間有著密切的影響與關聯，我們卻不能把它們混為一談；那就是說，它們的獨立性絕不容我們忽視。

基於這兩重原因，歐洲人遂展開了前所未有的海外航行，地理的發現也就從此產生。早在十三世紀時，基督教便已派人到東方來試行傳教工作，最著名的如：馬可波羅曾在中國居留十七年之久；並且還有若干義大利商人隨他來到遠東。此外，尚有約翰（John of Monte Corvino）其人者，是一個虔誠的教士；他曾在波斯服務甚久，後來又到印度，並在那裡建立起基督教的傳教中心。但是，這些早期的接觸並未能獲得繼續；同時，前面業已提到，十五、十六世紀時陸路交通已頗為困難，舊時到東方之路現已幾乎完全不可能了。

恰好在這時，歐洲人的地理知識大為增進；海員們對於航海的工具（如：羅盤、地圖……之類）也已約略具備，於是接著便有了葡萄牙人的海外航行。

在城市始建、商業初興的歐洲，海上航行原祇止於地中海範圍之內。十五世紀中葉，葡國國王之弟「航海家亨利」，為了要證實當時流行的地理學說，並希望藉此推行基督教和增加葡國的資源，遂有航海學校的設立。每年派遣武裝海員、商人、教士等遠征非洲大陸；他們終於再發現了馬德拉、亞索群島，而且復沿著非洲海岸向南推進。亨利死於一四六〇年，但他所激起的航海興趣卻並未隨之俱逝。一四八八年狄亞士（Diaz）復到達了非洲的最南端，即好望角是也。跟著一四九七年達加瑪（Da Gama）循著狄亞士的行蹤，環繞好望角而繼續北駛，最後竟到達了印度的加爾各達。自此以後，葡萄牙遂得用最低的價格獲得東方的香料、絲等等貨物了。

與葡萄牙人的航海運動同時，西班牙的國王也極力贊助人們去航行；於是遂有了最著名的哥倫布的發現新大洲。哥倫布最早於一四九二年開始了他的航海生涯。這一年他發現了巴哈馬島，及古巴和海地附近的島嶼；但他根本不知這是美洲中部的島嶼，卻以為到達了印度。其後的幾次航行也並沒有使他改正這一錯誤，在他第四次航行時才看到了美洲大陸；一直到死，他還自以為是發現了到東方的新航路哩！直到一五〇三年，另一義大利的地理學家亞美利哥（Amerigo）到了美洲，才發現這原來還是一個新世界，而美洲一名也從此而定。此外，尚有一四九七年卡波（Cabot）的抵達北美海岸之布勒登島，和一四九九年品松之登陸巴西，都是航海史上的重要事蹟。

最後還有一個最重要的航海故事值得一談，那便是麥哲倫（Magellan）的航行全球。麥氏是第一個駛過太平洋的歐洲人；他這次的航行雖獲成功，但他本人卻不幸被殺於菲律賓群島。

由於新大陸與新航路的發現，一時葡、西兩國都成了歐洲商業的霸主；接著，英、法兩國也急起直追，終至演成喧賓奪主的局面。工商業之蓬勃發展由此產生，近代殖民制度的基礎也於焉奠定，它對人類經濟生活的影響真是太巨大了。

六

資本主義在近代的萌芽雖然甚早，但它真正形成近代經濟生活的主宰力量，卻是十六世紀以後的事。什麼是構成此一經濟制度的基本原因呢？近數十年來由於我們誤信了唯物史觀的謊言，都認為這是「生產工具變革」的結果。其實，我們稍稍閱歷史，便不難發現：科學進步、地理發現，以及政治社會變動等等因素之綜合，才是資本主義產生的根本原因。近代的生產工具變革，乃是十八世紀中葉以後的事，它與資本主義的發生時期相去達數百年之久；因此可以斷言：不是生產工具的變革造成了資本主義；反之，倒是資本主義的興起帶來了生產工具的變革——工業革命。下面我要敘述近代資本主義的演變。

根據英國霍布遜（J. A. Hobson）的定義：「資本主義，乃是一種由一個或一群具有積蓄財富之人的大規模商業組織，他們運用此種財富去取得原料為工具，並僱用勞工，生產更多的財富，而獲得利潤。」（*Evolution of Modern Capitalism,* p.1）就此種意義言之，資本主義在古希臘羅馬時代即已存在過，不過規模甚小，而且也不普遍而已。到了中古，資本主義的工商業完全根絕了；無論是農業上的莊園制度，或工商業上的基爾特制度，都是封建性的。近代資本主義的興起，最初表現在什麼所在呢？還是讓我們從城市說起吧！

前面略已提到，城市中基爾特制度已逐漸轉化成資本家與勞工之間的經濟關係。此外，許多封建貴族也開始卜居城市，從事商業活動；他們原與傳統的基爾特無關，故能利用其獨立的地位而積蓄私人財富。更有進者，國家官吏與教會人士也利用他們的職位與剩餘資本，投資於城市企業。這樣，資本主義的經濟便一天天地興起了。

城市中的新經濟活動並非僅止於此；商業公司與銀行的產生，更有力地說明了新經濟制度的興起。商業公司最初是大規模的國外貿易組織所採取的一種形態。這完全是由於個人的財力不足以維持如此耗費龐大的運輸，所以歡迎他人的合作。這種結合起先祇是為了一次生意，這次生意成功了，然後才會成為永久性的組織。商業活動擴大了，勢必發生金融往來的困難問題，故商業公司同時又兼辦銀行的業務，後來銀行的需要愈益增強，終於形成了近代的銀行制度。

十字軍東征以後，義大利受商業擴展的實惠最大，故這裡的資本主義也發生得最早。在義大利諸城市中，尤以佛羅倫斯的行業最為發達，彌底西（Medici）家族（按銀行最初是以家族為單位的）是近代銀行的第一個創始者。該銀行在歐洲各重要商業中心都設有分行，規模極為龐大。彌氏不僅在經濟上占重要地位，在政治上也極為有力，最後並成了佛羅倫斯城的統治者。

簡單地說，十六世紀開端時，資本主義大體上已經興起了，不過還有幾方面未臻完備之境，那便是：工廠的勞工階級、工業機器、天然資源……等；這些尚有待於資本主義的更進一步的發展。

七

葡萄牙與西班牙雖然是近代發展海外貿易的先鋒，但是他們的好景不常，到了十七世紀上半葉，荷蘭、英國與法國卻後來居上，成為資本主義的暴發戶。最初，這些亞洲與美洲的廣大殖民地完全由葡、西兩國平分秋色；這時，荷蘭侵入了東方貿易，一六〇一年遂有荷蘭東印度公司之建立，並在爪哇島上設立殖民地政府。英、法兩國的勢力則直接向印度大陸伸展。稍後，更轉向北美。因此之故，這三個國家的資本主義也發展得最為根深蒂固。中產階級（在荷蘭為 burghers，在法國為 bourgeoisie，在英國為 middle class）遂趁時崛起，形成社會上有勢力的分子。荷蘭共和國之建立、英國的清教徒革命，以及法國大革命，一部分也正是中產階級的勢力在政治上的表現。

但是，十七世紀時真正發展了資本主義的生產體制（自由契約）的國家，卻祇有英國一個。歐洲大陸上的情形便遠不如英國進步；因為大陸上的基爾特制度依然在苟延殘喘，對自由契約的制度頗為不利。

還有一個史實足以說明這時的資本主義尚未達到完成階段，那便是「國家重商主義」的流行。重商主義一詞的基本意義，乃是政府來統制國家的工商業。由於資本主義經濟活動的規模甚大，不是一城一市的基爾特制度所能包含，於是資本家與勞工都轉而要求政府保障他們的權利。從這裡我們又看到了資本主義的興起所帶來的另一新力量：民族意識的覺醒。

在重商主義的政策下，政府的中心目標是盡可能地為該國吸收金銀（國庫與私人手中的金銀都包括在內），因之，一般地說，它是鼓勵出口貿易而妨礙了入口貿易。隨著自由經濟的擴展，此一最後限制也逐漸為人們所不滿。於是十八世紀時法國便興起了「重農學派」，認為財富的唯一來源乃是自然世界（土地）；工業生產祇是次要的。他們反對任何干涉（包括政府的干涉），提出了著名的「放任」的口號。一七七六年，古典學派的始祖亞當斯密的《國富論》出版，也主張政府取消一切商業上的限制，這是他與重農主義者相同的一點。但他並不苟同重農主義的財源說，而以勞動為財富的基本因素。這時，資本主義的發展顯然已大大地邁進了一步，即已到了工業革命的邊緣，故中產階級所要求的自由也隨之擴大了。接著，我們當再檢討一下自由經濟的新階段——工業革命。

八

地理的發現和商業的繁榮擴大了整個國際市場，由於市場的不斷擴大，商品的需要也與日俱增；舊時的手工業自然無法供應如此龐大而迫切的需求。這便是工業革命發生的根本原因。

工業革命並非一朝一夕之功，而是一個長期性的運動。據一般西方史學家的見解，它可以分為兩大段。第一階段是在英國，從一七七〇到一八三〇年；第二階段是工業革命傳播到歐美大陸上去，從一八三〇到一八七〇年；總歷程達一百年之久。由於篇幅所限，我在這裡祇能略略提及最早期的若干重要事實。

十八世紀的英國，紡織工業與礦業占了它的經濟中的主要部分，因此，工業革命也就開始於此兩方面。在紡織業方面，最早有威埃特發明轉軸紡紗機，繼之，復有一七五三年凱約翰發明了「飛梭」，其效率增加了一倍。一七六七年左右，哈格里斯夫發明多軸紡紗機，一九八五年卡特萊特發明馬力紡織機，到了一七七九年克蘭普登的綜合精紡機出現，紡紗機的發明遂臻完美之境。此外，還有另一卡特萊特的「力織機」、美國人惠尼的軋綿機、羅伯特的自動綜合機，以及保洛（Bullough）的改良力織機等等新發明，於是紡織工業始有突飛猛進的發展。

同時，煤礦工業也有了很神速的進步，再加上鐵工業上的新發明，蒸汽機產生的條件乃完全具備。蒸汽機的發明是工業革命的最重要的里程碑，但人們都知道它是瓦特的創造，殊不知早在一七一二年，紐可門即已發明了它。由於紐氏的蒸汽機尚有許多不易克服的毛病，故一直未能獲得有效的應用。直到瓦特於一七六九年發明了一個更完備的蒸汽機，劃時代的工業革命才算真正開始了。

蒸汽機的普遍應用不僅使紡織業、礦業等獲得了空前的擴展，而且還帶來了巨大的交通改革。一八〇七年美國人福爾登建造了第一艘汽船；一八〇八年特勒維西克發明了公路火車，但火車不甚宜於行走公路，司蒂文生終於另發明了鐵路的火車，同時復於一八二五年建造了世界第一條鐵路。

自此以後，工業革命便一直蓬蓬勃勃地發展下去，史實極多，毋庸贅述，以下我們要論到工業革命後，自由經濟的一般狀況。

九

美國的近代史權威教授海思（Carlton J. H. Hayes），曾將工業革命的定義歸納成為九點：一、機器的發明在各種工業方面代替了人力；二、水、蒸汽、電、汽油等原動力已發展到無數的用途；三、煤、鐵與鋼的生產突飛猛進；四、交通因火車及汽船的發明而獲得擴大與加速；五、大規模的工廠生產代替了過去私人的小規模生產；六、人口的驚人移動——從農莊到工廠、從鄉村到城市、從農業到工業；七、機器不僅用之於工商業，同時也用於農業，因此，經濟的生產與交換都有了巨大的增長，而大多數人的生活水準也顯著地提高了；八、資本主義促成了工業技術的進步，但又轉而因此壯大了自己；九、中產階級與無產階級在人數上都大大地增加了，而在功能上有了更顯明的劃分。

關於工業革命本身的特徵，海氏所列舉的這幾點確已包括盡了；但對於工業革命所激起的資本主義的質變一點，海氏亦未能有所發揮。

工業資本主義，如就其所生產的大量財富，及其所創造的輝煌物質文明言，確是人類生活的最偉大的進步，它的成就是非常具體的，具體到可以用數字來統計的程度；因此，我不打算多費筆墨來敘述這些，因為這是每一個人的感官所能夠認識的。我在這裡所要指出的，是工業革命所造成的壞的方面；祇有認識了這一方面，我們才真的瞭解了資本主義的全部性質。

我們說工業革命使資本主義變了質，這「質」究竟是什麼呢？據我個人的見解，乃是自由經濟變成了「不自由的經濟」，而且此一制度，對整個社會的影響也從促進變成了阻礙民主的發展。工業革命發生以後，旋即有大規模的近代工廠制度的出現；當然，工廠的存在並非始於工業革命，但它之成為一種普遍的制度，確是工業革命以後的事。工廠帶來了大批的工人，而工人的生活卻因此逐漸地失去了保障。雖然在工業革命的初期，有許多窮苦的人突然間成了新制度的寵兒，爬上了中產階級的寶座，然而整個地說，這些畢竟祇是少數，同時，這種暴富的機緣也僅僅存在了一個極短促的時期。舍維爾教授（Ferdinand Schevill）說得最好：「雖然，在資本主義的最後階段，大眾已起了相當廣大的作用，但這絕不能使我們無視於一種事實：即保持工商業活動的資金是控制在少數的銀行家、經理等等小集團的手中。下述情形或許便是工業資本主義時代的最主要特徵——多數人所供給的錢，卻被少數人所利用，而且少數人祇是利用這些錢去增加他們私人的利益，極少甚至根本不關心到其他多數人的命運。」（*A History of Europe: From The Reformation to The Present Day*, p.513-514）

一點不錯，工業革命以後的無產階級，確已陷入極悲慘的境遇，過去的農奴雖不自由，但基本生活依然是有保障的。工業革命後，他們便完全得靠每日的工資生活了；最初還祇是工資太低，工作時間太長，後來則失業的威脅越來越大。益以女工與童工之僱用，無產階級更受到了致命的打擊。後來勞工雖逐漸獲得了法律的保護，但那祇是他們在政治上努力的結果，並非經濟本身的成就，更說不上是工業革命的恩賜了。

勞工階級的困苦，祇是工業革命的惡果之一方面；工業革命的另一惡果則是帝國主義。前面我們已經談到，歐洲的海外殖民肇始甚早。但在工業革命以前，這種殖民祇是純商業的，很少具有侵略的性質；十九世紀中葉後（工業革命的末期），歐洲列強的外交政策主要便是爭奪海外落後的殖民地了。因此，歷史家通常喜把工業革命以前的海外殖民稱之為「殖民主義」，而將其後的階段稱之為「帝國主義」。

工業資本主義的惡果，復可以從另一史實上獲得證明，那便是社會主義思想的流行。社會主義最盛行的階段是在什麼時代呢？顯然是從十八世紀下葉開始，而成熟於十九世紀的中葉。歐文（R. Owen）、聖西門（St. Simon）、傅利葉（Joseph Fourier）三大早期社會主義大師都是十八世紀下葉的人物。路易．布朗（Louis Blanc）、馬克思與恩格斯則都是十九世紀中葉的人物。這些重要的事蹟，很足以使我們瞭解工業革命以後的經濟制度是如何的弊病百出了。

再就近代政治上的民主革命而言，英國的清教徒革命發生在十七世紀，美、法革命則開始於十八世紀的下葉，這因為美、法的工業革命也發生得較遲之故。

關於工業革命後資本主義的新變化，本章祇能說到這裡為止，因為在本書的下篇我們還要繼續有所研討。

十

追溯了資本主義發展的全部歷程，我們對這一經濟制度的歷史功過及其轉變的原因都應該可以瞭然了。資本主義的發生，根本遠早於工業革命，它是工業革命的原因，而非其結果。馬克思的謊言，真是不值得一駁，至於促使資本主義發生的動力除了經濟因素（並不包括生產工具的變革）以外，政治的、文化的種種因素，也同樣應該加以重視。就資本主義對整個近代文明的貢獻說，封建的莊園制度與基爾特制度的摧毀完全是它的功勞，它把農奴從傳統的土地束縛中解放了出來；它也給城市中的自由居民帶來了實質的自由。此外，它還喚醒了民族的意識，推動了民主革命……。正因為如此，我們才將它稱之為自由經濟。祇要我們不抹殺客觀史實，我們顯然得承認，前期的資本主義，不僅其本身即具有自由的特質，而且還大大地增加整個社會的自由總量。

但是工業革命以後的情形就完全不同了。享有經濟自由的祇有少數資產階級，多數人雖具有空洞的身體自由，卻失去了基本的生活保障。尤以機器生產普遍化以後，人的地位已大為降低、人文思想衰落、唯物主義抬頭，最後終於演成今天極權洪流泛濫全世界的局面。

多數人都誤信資本主義後來的惡果是源於自由。真相究竟怎樣呢？我想讀過本章的人，一定應該有所領悟：工業革命後的資本主義，正是因為缺乏了自由——自由契約、自由競爭、自由貿易——而不是由於有了太多的自由，才危害著人類的生存。

歷史並不必然是重複的，但今天我們所面臨的經濟問題，卻與文藝復興、宗教革命時代的人們所面臨者，正復量異而質同。鑑往所以知來，我希望讀者們對於此能做一番獨立而客觀的思考。

第五章

民主政治的勝利
——從近代國家的凝成到民主革命

一

民主政治的發展是西方近代史上的一個最主要的特徵，而人們通常所以珍貴近代西方文明，也多是因為有這一特徵的存在。原因很簡單，人民並非完全忽視了民主在社會與經濟方面的重要性，但民主的政治制度畢竟是最現實而又最具體的實體：它不僅在消極方面可以保障個人的基本權利，而且還能夠在積極方面創造出社會與經濟的民主。近代英國歷史的進程，便給這一點提供了最有力量的證明。

在這裡，我是把民主政治當作一個獨立的社會部分來敘述的。益以篇幅的限制，敘述的範疇遂不能不限於整個近代民主制度發展的大勢，而無法細大不捐地涉及各國的政治變遷。

二

我們認為文藝復興是近代文明的總發源地，因此，在探討近代民主政治的開端時，我們便不能不上溯到十五、十六世紀時的一般政治狀況。

首先我們要從義大利說起。在第二章中，我已指出文藝復興期間，義大利城邦的自治與專制君主之出現。封建時代的政治，完全操諸封建主之手，每一個獨立的莊園，便具有一個絕對的政治權力；再加上教會的君臨萬邦，國家思想與民族意識，根本無存在的餘地。而近代民主首先便是從獨立國家之中發展出來的政治原則，沒有獨立的國家，民主政治遂根本失所依附。義大利城市政治的興起，也正是淵源於此一精神。儘管，歐洲其他國家如：西班牙、法國、英國都建立起了統一的民族國家，而義大利卻一直處在諸城分立的局勢之下；但是，就它的幾個主要城市——米蘭、威尼斯、佛羅倫斯等——說，這種獨立的自治精神則依然存在。理由何在呢？原來在中古時期義大利，也是屬於神聖羅馬帝國的範圍之內的，然而由於羅馬帝國的皇帝是日耳曼人，這在義大利人看來，遂無異是在受著異族的統治。因此遠在十三世紀中葉，義大利事實上便已擺脫了羅馬帝國的統治，正因為這一事實，義大利才形成了群雄並峙的局面。

文藝復興期間，義大利諸城由於多年經商的結果，中產階級的勢力越來越大，貴族亦不能不與之聯合，最後復因城邦中黨爭不已，終於產生了一種「專制制度」。此種制度雖不合民主原則，但在當時確頗能使城邦社會趨向安定。而且其間有的城邦如：佛羅倫斯，也並非完全捨棄了民主之道，相反地，它倒對傳統的共和體制甚為尊崇。至於開明的專制君主特別有利於文化、藝術的培育一點，我在第二章即已提到了。

城邦政治對近代民主政治發展的關係與影響尚很小，而且也祇限於義大利、德國與荷蘭等少數國家，不過因為它在近代史的開端時頗形重要，所以我略略地說一說。接著，我要寫到一個更普遍而又更重要的政治體制——君主專制國家的出現。

三

隨著歐洲商業的發展、城市的興起，以及中產階級勢力的增長，中古時一直是有名無實的國王，遂獲得有力的同盟者。而中產階級與國王的共同敵人，則是封建貴族。為什麼呢？因為封建貴族不僅直接阻礙了王權的擴張，而且還妨害到商業的發展，商人旅行時往往要被他們所搶劫或扣留。因此，國王需要中產階級的經濟支持以鞏固自身，中產階級也需與國王的保護以發展商業，於是近代的民族國家便逐漸凝成了。

中古時代的許多有力的封建領主，有的已死於十字軍東征，有的遷移到近東，有的則定居城市而轉化成工商業階級；總之，他們的勢力到了十六世紀時已相當衰弱，其實力已不足與國王相抗衡。教會本來當然是反對王權專制的，但這時由於種種原因也轉而成了新政治制度的維護者。一般歷史家都認為，中古時代與文藝復興的分界線乃是中產階級在政治上的抬頭。我們都知道中古的封建議會中祇包括著僧侶和貴族兩大階級，到了文藝復興時，中產也被列為「第三階級」而允許其參加議會。英、法和西班牙三國便是典型的例子。由此可見，儘管專制政體在形式上是違反民主原則的，但政治的基礎，從少數特權階級擴展到包括較多人數的新興中產階級，不能不說是一種實質的進步。民主政治原非一蹴而成的，民族國家的形成至少給其後的民主革命舖平了道路，以後我們當接著討論。

四

伴隨著君主專制國家的抬頭，歐洲同時又興起了一種新的力量，這一力量後來且成為近代史的主要潮流之一。在這裡，我是指「民族主義」或是「愛國主義」而言的。

近代西方民族主義意識的覺醒，必須追溯到十字軍東征。十字軍東征使得多數歐洲人的狹隘地方觀念消失了；同文同種的思想逐漸侵入了他們腦海。英、法的百年戰爭（一三三七—一四五三）也有助於民族主義意識的成長，法國便是一個很好的例證。不過在十六世紀以前，民族主義的思想主要祇存在於個人的頭腦之中，沒有形成一種普遍的社會思潮；最初它乃是朝著君主專制而不是民族的方向發展的。因此，也祇有在國王已經把人民團結於一個共同語言與法律制度之下的那些國度裡，民族主義才顯得特別活躍。我們可以說，民族主義的興起幫助了君主專制國家的發展，同時，反過來後者的發展又刺激了前者的興起。

十四、十五世紀歐洲民族文學的抬頭也助長了民族主義，馬基維利激起了義大利的民族意識，馬丁路德的演說也是用著激動的德語，西萬提斯（Cervantes）寫著西班牙文，莎士比亞則用英文來頌揚他的祖國。所有這些，顯然都與民族主義的興起有著密切的關聯。

民族主義興起之後，歐洲舊有的傳統制度遂受到致命的打擊。它不僅摧毀了混亂的封建制度，不僅擊破了基督王國，而且還促使神聖羅馬帝國趨向解體。十六世紀末結束之前，基督教在歐洲便已大部分國家化了，而羅馬帝國也已大為削弱。

五

近代政治的最初階段（更正確地說，是過渡階段），既如上述，現在我們要進而一看民主政治的一連串勝利了。由於民主的政治制度是通過民主革命而建立起來的，因此，在這裡我們便不能不從近代幾個主要民主國家的政治革命或改革來認識這一方面的巨大進展。以下我根據時間的先後將英、美、法三國民主革命的根本精神與意義分別做簡要的論述。

（一）英國革命

由於十五、十六世紀以來專制王國的建立，十七世紀時歐洲各國幾乎完全在專制君主的統治之下。法國的波旁（Bourbon）王朝、西班牙的波旁與哈普斯堡（Habsburg）王朝……都屬於這一政治體系之內。雖然當時歐洲也曾有過反抗此一新政治秩序的事件（如：尼德蘭〔Netherland〕革命的結果，有荷蘭共和國的建立），但大體上，專制制度並未根本動搖。

十七世紀時歐洲祇有一個國家在反專制鬥爭中真正獲得了成功，那便是英國。英國何以能在專制主義的潮頭獨創民主之路呢？這裡也有若干歷史背景值得一提。我們都知道，早在一二一五年英國便有《大憲章》的產生，為英國後來的憲政奠定了基礎；英國國會也和法國的階級會議不同，而具有與國王相抗爭的權力，在歷史上它確是一直在扮演著約制王權的角色。此外，英國的習慣法也給予王權的擴張以相當的阻力。

英國十七世紀的清教徒革命，必須從一六〇三年斯圖亞特（Stuart）王室之繼承圖多（Tudor）王室說起。在圖多王室的統治結束之前，英國一方面如上述有憲政的與國會的政府傳統，另一方面卻也有著強有力的王權。但圖多系的國王都很狡猾，避開了國會與國王之間的衝突。斯圖亞特系的詹姆士一世登位後，政治狀況遂立刻起了變化。詹姆士是一個濫用權力，而費用浩繁的國王。他需要國會的大量經濟支持，但他的做法卻又是國會所深惡痛恨的；因此，便展開了國會與國王之間的鬥爭。國會拒絕用金錢支持詹姆士，詹姆士怒而加重進出口的稅額。曾有一個商人 Bates 者因拒繳此種無理重稅，被法官判處徒刑。然而，國王的財政困難並未獲得解決。這種措施愈益激起了國會的憤怒，於是雙方越來越走極端。

如果當時的英國問題僅止於政治鬥爭，或許還不至發展為革命。正由於其間加入了宗教的衝突，所以局面才日趨嚴重。詹姆士乃是虔誠的英國國教徒，因此他極力維護國王的權力凌駕乎教會之上的原則。但同時，英國境內還存在著舊天主教徒，與各派新教教徒。圖多王室在各種敵對的宗派中調和得很好，故宗教沒有發生問題，而且那時的新教徒也都接受國教的領導。到了詹姆士時代，情形就不同了：他繼位後不久（一六〇四），即在漢普登宮召開了一個宗教會議，討論清教徒的請願書。但結果他否定了該請願書，並隨著頒布了一道諭旨要所有的教徒都遵奉「共同祈禱書」，否則便處以重刑。詹姆士為什麼會如此恨清教徒呢？完全因為他不願教會分潤王權。從這種爭執上，我們顯然可以看到，近代史的新趨勢是如何在社會各方面表現出來的了。

詹姆士為了鞏固王權，不惜與天主教攜手，這正是多數英國人民反對他的重要原因。在外交政策上，他也同樣表現出這種化敵為友、化友為敵的精神，他的外交政策的根本原則，是維持歐洲的宗教和平，雖與西班牙（過去的敵人）妥協亦在所不顧；因此，新教徒在波西米亞的叛亂（此一叛亂是由他的女婿 Frederick 領導的）失敗時，他竟忍心坐視不救；這激使英國人民對他有著深切的不滿。

在詹姆士統治期間，革命的醞釀已相當成熟，但革命的時機仍未到來；直到查理士一世繼位，英國的民主革命才正式展開。查理士頑固尤甚於其父，而且還極力提倡君權神授的理論。查理士一方面固然繼承了詹姆士的王位，另一方面也繼承了他的種種困惱。國會與清教徒的反對，查理士不僅未能消除，反而加強了。

查理士即位不久，即與法王路易十三的女兒瑪麗亞結婚，瑪麗亞是一個天主教徒，於是查理士的天主教傾向遂越來越明確。當然，英人對他的反對也就隨之俱增了。這樣，清教徒乃毅然和在政治上反對王權的分子與團體團結起來，共同構成了一種革命的勢力。當時的英國顯然分成兩大敵對的壁壘：一方面是國王與國教的專制主義，另一方面則是清教徒與新興中產階級的民主主義。

在初期鬥爭之中，最有意義也最值得我們注視的，該要數到一六二八年的《權利請願書》。這一請願書是由國會向查理士提出的，查理士因迫於經濟需要，祇好簽字許認。請願書的要點包括：一、不經國會同意不得徵稅；二、軍隊不得駐紮私宅；三、不得非法逮捕任何人等項。從這些基本人權的制度化，我們可以看出西方民主是如何爭取到的；任何偉大的理想，祇有通過了制度化的歷程才能獲得實現，也才真的有了保障。幾千年來中國並不缺乏偉大的理想，但因為沒有社會化、制度化，所以最後都化成了幻想。

《權利請願書》雖然獲得了通過，但國王與國會之間的爭執依然存在。因之，次年（一六二九）國會開會，查理士終於和國會正式破裂。此後十一年之久，查理士始終沒有再召開國會，表面上國王雖似獲得了勝利，但實際上他所遭遇的經濟困難卻愈來愈形嚴重。在最無辦法的時候，他便藉維持強大的海軍的幌子，向各港口和沿海地區的人民徵收船稅（ship-money），最後船稅竟推廣到內地居民的身上，於是乃激起了一般人的憤怒。因此，漢普登（John Hampden）拒繳此項稅賦而遭審判，竟獲得國人的同情與擁戴。再加上查理士對蘇格蘭戰爭的失敗，財政更陷於絕境。不得已，他祇好低頭，一六四〇年重新召開國會，希望得到國會支持，征服蘇格蘭，但不幸結果還是失敗。十一月，查理士又召開另一次國會，那便是歷史上有名的「長期國會」，由於長久的積怨，國會乃乘機大肆報復，將國王權力削弱不少。在查理士這一方面，則以迫於情勢亦無法不一一接受。

但是，儘管在政治方面國會議員是一致的，在宗教問題上他們之間卻發生了裂痕，這才給予國王以可乘之隙。國會中大致分成了兩派：一派是激烈的清教徒，另一派則是保守的國教分子。查理士遂利用這種有利的情勢推行他以前的政策，同時還陰謀對付國會。為了擊垮這些反動措施，國會也於一六四一年十一月間通過了「大抗議案」，詳列政府以往的種種弊端，並建議若干新政策。查理士看到國會這種強硬做法，深知非走極端已不足以持續王權，所以次年一月即發動一次政變，企圖以武力消弭國會的反對力量，結果並未成功。這一年，英國的革命便正式走上了武力之路。雙方鬥爭的初期，國王方面頗占優勢，但一六四四年以後，國會方面因為出現了一位偉大的軍事領袖——克倫威爾，再加上軍隊組織的改良，於是才逐漸占著上風。一六四五年國王的軍隊已全部被擊垮，查理士本人則投降到蘇格蘭軍隊中去。蘇格蘭是信奉「長老會」的，國會為了要爭取蘇格蘭人共同反對查理士，遂不惜同意以長老會為基礎改組國教。這一重大讓步引起了會中少數「獨立教派」的抗議，他們認為長老教與「基督教」在宗教專制上是沒有差異的，故主張建立容忍的原則，包括一切新教教派在內。這一派人起初雖很少，但卻有克命威爾和軍隊為後盾，所以也很有勢力。蘇格蘭人看見國會方面反長老會空氣如此濃厚，乃轉而與查理士聯合，因此，後有一六四八年的第二次革命的爆發。結果是國會方面全勝，次年查理士終於被判處死刑。

國會的勝利並不即等於民主的成功，克命威爾及其軍隊已完全控制了國會，形成了英國史上一段軍事專政時期。從一六四九到一六五九這十年間，因為沒有國王的存在，在軍隊控制下的「殘闕國會」遂通過改建「共和政體」，由樞密院掌握行政權；實則大權完全操之於克命威爾及少數激進的清教徒之手。克氏復先後征服了愛爾蘭與蘇格蘭，聲勢益形顯赫，一六五三年他用武力解散了殘闕國會，同時另組「護國政府」，他本人成了新政府中的最高首長——護國公。儘管形式上共和政體似乎很接近近代的民主體制，而實質上則根本無異於君主立憲。當然，這也並不是說，新的革命政府毫無進步的意義，如：新國會基礎的擴大、工商業的發達，以及對外政策的修正（對英國人民與經濟都甚為有利）等，都是革命政府的偉大成就。不過，克侖威爾的宗教寬容原則並未獲得完美的實現；天主教徒依然未獲得法律的保障。

由於集權與獨裁的結果，克氏死後（一六五八）英國的政局遂重陷於混亂狀態，這才給予斯圖亞特王朝以復辟的機會。一六六〇年，故王查理士一世之子被蒙克將軍迎回倫敦，是為查理士二世。查理士二世逝世後，其弟詹姆士二世復繼承王位，先後共二十八年乃是英國史上著名的「復辟時代」。在此期間，英國曾有許多反動的傾向。宗教方面無數不從國教的分子又重新遭受迫害；不僅如此，這兩位國王還大有恢復天主教的趨勢，尤激起了英國人民的憤怒。政治上，他們也一步步地退向專制主義之路，詹姆士二世更是極力提倡君權神授之說。（按：他二人是當時法國路易十四的表弟兄，並且從小生長在法國宮庭，深受專制主義與天主教的薰陶。）專制主義與天主教的雙重反動，最後終於造成了一六八八年的「光榮革命」。

詹姆士二世本人是天主教徒，但他的女兒瑪麗卻是新教徒，嫁給了荷蘭的奧蘭治親王威廉。英國人民原以詹姆士二世死後，瑪麗承繼王位，則天主教的威脅即可告一段落。不料一六八八年他的第二位妻子卻又生了一個兒子，眼看著天主教的問題越來越嚴重，於是國會中王權黨（Tory，即後來的保守黨）和民權黨（Whig，即後來的自由黨），便共同推舉了代表到荷蘭去迎接威廉夫婦。威廉率大軍進入倫敦，備受新教人民的歡迎，詹姆士無力抵抗，遂逃往法國。英國初期民主革命的最後階段，未經過流血鬥爭而獲得完成，故英人稱之為「光榮革命」。

「光榮革命」價值並不是它的形式（國王易人）所能衡量的，實際說來，它意味著近代民主政治與信仰自由的正式建立。一六八九年，國會通過了兩項重要的法案：《權利法案》和《寬容法》。根據前者，國王的特權完全被剝奪，英國結束了她的君主專制主義，而開始了一個民主的議會政治的新時代，這不祇是英國政治史的新階段，同時也是世界史進步的重要里程碑。根據後者，英國的不從國教分子，經過了長期奮鬥，終於獲得了基本的信仰自由。這實是宗教革命的原則之更進一步的擴張。

英國民主革命的成功，宣告了近代民主政治的第一次勝利，同時也是一連串勝利的開頭。它首先勇敢地否定了君主專制的理論，而提出人的權利的概念（如《權利請願書》與《權利法案》中所顯示的）。國會與國王的衝突也就是民權與王權的鬥爭，最後民權獲得了完全的勝利；在這裡我們顯然可以看出民主的潮流是如何的不可遏止。在這一革命過程中，產生了一項近代民主政治中最重要的制度，那便是政黨政治。王權黨與民權黨乃是近代政黨的先驅，有了這一制度的存在，近代民主政治才具備了正確的實現途徑。因此，這一點是我們檢討英國革命時所必須予以注意的事。縱覽英國民主革命史，還有一層也是我們應該認識的：這裡，我是指著她的合理的協商精神而言的，不通過流血的手段而達到理想的目標正是民主的最高境界。雖然英國革命之初也曾有過內戰，但比較起來，它依然要算是流血最少的一個。此後，代議制度既經奠定，英國的政治革命便一直是循著和平協商的方式進行的了。

（二）美國革命

美國革命，從某種角度上看，也可以說是英國革命精神的移植。但是，它在世界史上所顯示的意義卻遠為重大。為什麼呢？因為英國革命祇是內部的民主革命，而美國革命則是雙重性的：除了對內民主以外，還有對外（帝國主義）爭取民族解放的特質，雖然它並不包含著血統的因素。

十八世紀，北美十三個殖民地區是英國人最占優勢的地方，因此十七世紀的英國制度與觀念也已散布在每一角落了。例如：這兒的法律制度，正如英國本土一樣，是習慣法與陪審制的；而每一殖民地的議會（立法機構），也多少是模仿著英國的下議院。同時，英國派駐每一殖民地總督和該地議院的關係亦復與英王和國會的關係無殊。十七世紀的英國革命對十三州也有重大的影響，殖民地人民已開始獲得很多的自治權利。一言以蔽之，十三州對君主專制的限制及其代議制度的實施，乃是十七、十八世紀時美國國會發展的副產品。

但是，十三州的民主革命卻比英國本土進展得更為徹底。何以故呢？其中有幾種特殊的因素值得一提。

一、宗教的因素：我們知道，當英國國教迫害不從國教分子的時候，許多英國人都為了宗教自由而移居到新大陸，因此，美洲的宗教自由便遠超過英國本土，而十三州中的教徒，主要的都是一些激進的清教徒。這種宗教氣氛頗有利於政治上激進主義的成長。

二、經濟與社會的因素：這裡沒有像英國本土那裡傳統的有力貴族階級，移民到這裡來的都是一些中下層階級的人士，益以開墾者的自信與自立的精神，故社會平等的程度也遠在英國社會之上。經濟上，這裡真是地廣人稀，自由競爭是一種最真實的存在，人們不必靠其他力量去攫取財富。誠然，黑奴制度是違反平等原則的，但這種不平等祇是種族上的，白種人之間卻沒有這種情形。和當時一般歐洲社會狀況比較而言，美洲的確是最進步、最開明的了。

三、地理的因素：美洲和英國本土隔離太遠，使英國無法絕對控制殖民地中的政治。因之，反過來，殖民地人民也逐漸習於自治的原則，而憎恨英國本土的任何專橫的干涉。

以上這三種因素是造成美國民主革命的特殊徹底性的根本緣由。接著我們要看看這十三個殖民地所受的英國的束縛究竟如何。最初殖民地須向英國盡下列三重義務：一、它須生產英國本土所不能生產的商品；二、它須分擔英國的政府與陸、海軍的費用。此外，英國對殖民地的工商業與海運的束縛也極其嚴重，使它的經濟發展受到極大的阻礙。但由於種種客觀條件沒有成熟，所以革命一直稽延未發。到了一七六三年，情況卻起了變化。這一年是英國與法國在美洲戰爭（The French and Indian War）結束的那一年。戰爭的結果產生了兩項重要的影響，一則殖民地對法國侵略的恐懼消失了，它們毋須再依附英國的力量，再者，在戰爭中殖民地的人口與財富都激增了，因而他們的自信也大為增強。恰巧此時英國財政也極其窘迫，要加重殖民地的稅貢。於是一七六四年有所謂《砂糖法》，一七六五年又有所謂《印花法》，其目的都是在加重對殖民地的剝削。這樣一來，殖民地人民大為憤怒，有一位律師奧狄士（James Otis）便喊出了一句有名的口號：「無代表而徵稅便是專制。」反印花稅的運動很快地發展了起來，是年十月，九個殖民地的代表便在紐約開了一個「印花法會議」，發表了一項權利宣言。該宣言的主旨在爭取陪審權與賦稅權……等。英國迫於情勢終於廢除《印花法》，這是殖民地革命的初次勝利。

但是，英國對殖民地的剝削並不肯就此罷手，一七六七年，英國又要加徵殖民地的玻璃、紙張、鉛、顏料、茶……等等的入口稅，遂再度激起了殖民地的反抗。後來英國讓步，祇要保留茶稅一項，以維持英國國會向殖民地徵稅的權利。革命意識覺醒了的殖民地人民，現在連這一最低限度的原則也不肯讓步了，他們要獲得完全的獨立與自由。雙方強硬態度的結果終於走上了武裝鬥爭之路。一七七〇年，波士頓便發生了英軍屠殺暴動民眾的慘案。一七七三年，波士頓又發生民眾投棄英茶入海的事件，次年英國決定要嚴懲禍首，並封鎖波港，剝除麻州的自治權。這樣，殖民地的革命怒火便完全燃燒了起來，十二州（喬治亞州未參加）的代表在費城開了第一次「大陸會議」，決定了幾項重要而適當的辦法。會後並上書英王請願，但毫無結果。一七七五年四月，雙方正式展開了戰鬥。五月間第二次大陸會議決議武裝爭取獨立，推華盛頓為總司令，同時還向英王做最後的請願。

事態演變到這裡，革命已經無法避免。一七七六年七月，大陸會議遂採取了徹底的革命措施，發表了歷史上最有名的《獨立宣言》。這宣言的意義不祇在於它在當時所起的革命作用，更重要的是它把民主政治推進到一個嶄新的階段，因而奠定了人類政治生活的永恆基礎。宣言的要點有三：一、一切的人——不祇是英國人——都有生而具有若干不可少的權利，如生命、自由與追求幸福等；二、一切政府的正當權力都來自被統治者的同意；三、因此，必要時人民推翻專制政府，而另建新政府也完全是合理的。《獨立宣言》發表之後，美國革命才算正式的展開。後來由於法國、西班牙與荷蘭的先後協戰，英國無法支持，終於在一七八三年與十三州媾和，承認美國的獨立。

一七八九年美國憲法正式生效，一個新興的民主共和國就此誕生了。革命成功後的美國在政治上究竟有何新意義？我們至少可以歸納到以下幾點：

第一、它是建立民主共和國，並廢除了君主制度的第一個大國。

第二、它第一次實行聯邦制度，使中央與地方關係獲得合理的安排。
第三、它是第一個以成文憲法為國家基本的和永久的法律的國家。
第四、它是第一個完成了政教分離，並把宗教降之為個人性的事體的國家。
明白了以上幾點成就，我們可以知道美國革命在民主政治史上到底占著怎樣重要的地位了。

（三）法國革命

法國革命發生於一七八九年，正當美國革命終結之際。它受美國革命的影響的事實是很顯然的：初期革命領袖之一——拉飛耶便是率兵援美的名將；而法國《人權宣言》與美國《獨立宣言》也自有其一脈相承的軌跡。

英、美、法三國的民主革命一個接著一個，也一個比一個更為徹底與進步。法國大革命奠定了民主政治的勝利基礎；此後民主政治的演進，則都是基於這些革命的成就之上。同時，法國革命的影響範圍之廣，及其行動的壯烈，雖非絕後，確已空前。法國革命的歷史是中國人所最為熟悉的，而且由於它的歷程過於複雜，不是短短的篇幅所能夠敘述得詳盡的，因此，在這裡我祇擬把著重點放在它反專制爭民主的成就上，其他的種種變遷祇好從略。

在近代幾個產生過民主革命的國家中，法國是最專制的一個。所以，儘管法國革命所犯的錯誤最多，積極的建樹也最少，然而，在消極方面——摧毀專制主義的「舊政制」——它的功勳卻依然不容我們懷疑。現在我們就來看看法國革命前的一般社會狀況。

十八世紀的法國無論政治、經濟、社會或宗教方面都是極其專制落後的。路易十四的專制政治是歷史上最著名的，他的名言：「朕即國家」也早已膾炙人口。法國王權之大甚為驚人，「階級會議」理論上雖似英國的國會，事實上則如同虛設，根本不足以約束國王的行動。經濟方面的工商業雖已有相當的發展，但封建經濟依然是勢力龐大。益以第一階級的僧侶與第二階級的貴族擁有的土地幾占全國的半數，卻不須繳納稅賦，因此全國的擔負卻壓在第三階級（中產階級和農民）的肩上；不僅如此，僧侶們還要額外向農民徵收一種什一稅。這一切嚴重地限制了法國自由經濟的成長。社會方面，法國階級制度也最為森嚴，第一、二兩階級是特權階級，而第三階級卻被剝奪了很多的權利，於是社會不平等的意識，在一般人的心靈中也根深蒂固地存在著。再就宗教方面說，法國一直是信奉天主教的，宗教革命後興起了一派胡根諾（Huguenots）新教，深受天主教的迫害。祇有黎舍流

（Richelieu）任首相時，曾一度實行過寬容的政策，及至路易十四登位，迫害政策又復抬頭。從以上這一段簡短的敘述中，我們顯然可以看到專制主義在法國盛行的狀況。法國革命的進程之所以如此緩慢、迂迴、艱險，它所犯的錯誤之所以如此複雜，都是這種特殊的歷史社會背景限定的。

法國在路易十四時代原是歐洲最大的強國，但由於路易十四窮兵黷武的結果，國勢日趨衰弱。到了路易十六時，財政困難已達於極點。路易十六即位之初，曾一度欲實行改革，請當時最有名的經濟學家杜戈出任財政大臣，負責改革。杜氏雖有一些成就，但終因貴族的強烈反對而被辭職。接著，芮克繼杜氏之職，芮氏對當時財政狀況亦有所改進，惟最後（一七七八）同樣被貴族們逐走。局勢演變到這種地步，改革之路可以說完全斷絕了；剩下來的路祇有一條，那便是革命。

這時，有志改革之士都一致要求召開階級會議。階級會議自一六一四年召開後，至今已百餘年棄而未用。最初，路易十六還遲疑不決，一七八八年夏，政府財政已陷於全部崩潰，不得已始決定召開階級會議。階級會議是次年（一七八九）開幕的，一開始便發生了代表比例問題的爭執：第一、二兩階級主張以階級為投票單位，而第三階級則堅持以人數為標準。結果意見無法統一，第三階級代表乃毅然宣布放棄階級會議，而另組成國民大會。這一革命性的行動立刻激起了巨大的社會反應：一方面是多數革命的群眾熱烈擁戴，另一方面則是國王與僧侶、貴族等的強烈反對。路易十六在貴族們的慫恿下，遂用武力停止大會的進行。但代表們卻並不因此屈服，他們緊接著便有「網球場的宣誓」，表示要堅持到底，非重新為法國創造一部新憲法不可。路易十六迫於情勢，祇好讓步，於是僧侶與貴族的代表乃都參加了國民大會。第一個革命浪頭是避過去了，但整個革命的趨勢卻依然日益加強著。是年七月，因為大會中的宮庭派陰謀以武力解散國民大會，巴黎群眾憤怒萬分，遂攻陷了著名的巴斯狄監獄。革命之火終於點起來了。

國民大會究竟有何特質的成就呢？現在不妨讓我們檢討一番。首先，在是年八月，大會中的開明貴族代表即自動放棄封建特權。隨後，大會復通過法令，正式廢除封建制、農奴制，以及種種階級特權。因此，一七八九年的八月，在法國革命史是一個極端重要的階段，它宣告了法國傳統的「舊制度」的終結，也宣告了新的民主時代之到來。革命的行動並不僅止於政治、社會範疇之內，宗教方面也起了空前的變化，教會的財產沒收之後，僧侶一律改由國家給薪，於是法國的天主教無形中也變成了國教。在政治制度方面，傳統的混亂狀況結束了的全國，重新劃分成十三省，省以下再劃分為區和公社。為了防止高度的中央集權，各地官吏也從中央指派改為地方選舉；這種制度直到今天依然持續未變。

法國革命的最輝煌的成果，當然要算是《人權宣言》（一七八九年八月）。這一宣言的中心思想導源於盧梭的政治哲學，同時又滲入了不少英、美民主革命的理論；它對政治思想方面的影響迄今不衰。《宣言》明確地指出：「人在權利上，生下來便是平等而自由的。」人權的內涵是什麼呢？簡言之，便是「自由、財產、安全，和抵抗侵略」。據此，則「法律便是群意的表現，每一個公民都有權親自或通過代表而參與法律的制度。法律對一切人必須都是一樣的」，「除非犯了罪，並根據法律所規定的方式，否則任何人都不得被控告、逮捕或監禁」。此外，宗教寬容、言論自由、出版自由等等權利，在《宣言》中也同樣獲得了肯定。人民控制國家的財政，而官吏也須向人民負責。《宣言》的最後一節特別強調私有財產的權利不容被剝奪。儘管，共產黨人一再誣蔑這是代表著資產階級的利益，但是私人財產在保障個人自由上的作用，卻是無法否認的事實。

法國革命的另一民主成果應該是一七九一年的憲法，這一憲法的特殊精神也和美國憲法一樣，不僅在於它的分權制的立法、行政、司法三權鼎立、清清楚楚；而同時，這三種權力分析到最後，都是導源於「群意」。（按：分權的觀念，最初是法哲孟德斯鳩於考察英國的政治制度之後所獲得的結論。事實上，英國的分權制並不如後來的美、法兩國那樣清楚。）

以上簡略地指出了法國革命初期的一些民主表現，以及專制主義的迅速沒落。在這裡，我們顯然可以看出：近代政治發展到法國革命，民主的趨勢已很清楚地顯露出來了。法國革命後來雖然演變得極其複雜，但根本上則仍是民主主義與專制主義的鬥爭，而最後的勝利還是屬於民主這一方面（第三共和的建立）。由於篇幅所限，祇好到此結束。下篇敘述十九世紀的民主運動時，我們當再有所檢討。

六

近代民主政治，經過這一連串的勝利，已為人類開闢了一條通向自由與幸福的大道。共產黨人曾不祇一次地誣蔑民主政治是「資產階級的」，但事實證明，它不僅消極地摧毀了中古的專制主義，而且還積極地建立起一套保障個人基本權利的體制。覺悟後的陳獨秀氏即曾具體地列舉了近代民主的一些「真實價值」，他並且認為：祇有在這些已建立的民主政治的基礎之上，我們才可能更進一步地走向「大眾的民主」。反之，否定了近數百年的民主成就，我們是絕對無法把近代文明向前推進一步的。

我在本章中把民主政治的勝利結束於法國革命。但我並不認為法國革命以後民主政治就停止了，相反地，在十九世紀中，民主倒有著更重要的進展。我這種分期法是以民主的對手的轉變——從專制主義到極權主義——為根據的。專制主義在法國革命以後大體上是沒落了，也就是說，民主政治到了法國革命已獲得了決定性的第一階段的勝利。十九世紀是唯物主義滋長的最盛的年代，極權主義的幼苗已經茁壯起來。此後的民主政治，為著應付這一新挑戰便逐漸地走上了一個新的階段。關於這些，我們下篇中將有詳細的討論。

第六章
平等社會的創建
——近代階級制度的演進

一

歷史家於敘述近代史時，對政治、文化、經濟各方面的進步都能說得頭頭是道，但對於近代社會方面——階級制度——的演變卻往往語焉不詳。這實在是一個很重要的掛漏。誠然，社會的變革是各方面並進的，無法很清楚劃分開來。然而，再做進一步地分析，我們當不難發現：近代階級制度的演進本身確有一條明確的路線，而非政治、經濟或文化方面的發展所可以涵蓋的。

在未入正題之前，我們必須先弄清楚，所謂階級是根據什麼劃分的。我們知道，政治上有統治與被統治的階級之分，經濟上有窮富的階級之分，文化上有知識與文盲的階級之分，社會階級究竟何所依據呢？在歷史上我們常常看到，有時社會階級是和政治階級打成一片，有時又是和經濟階級連在一起。中國傳統社會中，階級的劃分偏重於政治方面者為多，富商大幫儘管有錢，在社會上他們是毫無地位的。西方近代社會卻恰恰相反，階級的依據是財富而不是權勢。當然，這都是一些相對性的說法，事實上並不會如此絕對。不過，從這裡我們可以瞭解到一種事實：社會階級的存在頗受政治、經濟，以至文化各方面的不平等狀態的影響。因此我們可以肯定：祇要社會有任何一部分是不平等的，社會階級也就無法完全消除。決定社會階級的因素可以是政治、經濟、文化，但是社會階級既經形成之後，它本身也同樣是一種客觀的存在，因而也具有相當限度的獨立性，這是我們所不能也不應忽視的。

從歷史上看，近代階級制度的演變受經濟制度變革的影響最大，但我們並不能據此肯定，階級制度完全是依附於經濟制度的。我曾指出階級制度的演進是從一元到多元，古代奴隸社會中，奴隸主不僅在經濟上是統治階級，在政治、文化各方面也莫不盡然。相反的，奴隸則是一無所有的絕對被統治者；到了中古的封建社會，階級關係開始發生了一種變化，農奴階級雖然在很多方面都受剝削與壓迫，但已具有若干基本權利，即封建主亦不得侵犯。基督教的興起奪取了文化上的統治地位，所以封建主與農奴在教堂中則是處於平等的地位。由此看來，經濟制度顯然不能必然地決定社會階級，政治制度與文化狀況也同樣值得我們加以注意。據我個人的看法，社會階級的分野在物質方面是以經濟、政治和文化等階級制度上為基礎的，在精神方面卻存在於人們日常的生活習慣與觀念之中。因此，本章研討近代階級制度的演變，便不得不從這幾方面著眼。（請參看拙著：《民主革命論》一書中〈論社會革命〉一章。）

二

首先，讓我詳細檢討一下，中古時代的階級制度及其一般社會狀況是怎樣的。

大體上說，中古是分成兩大階級的：封建主和農奴。但這並不是說中古祇有這兩個階級，事實上在若干殘存的城市中，尚存在著一種自由民的階級，這便是後來中產階級的前驅。

封建主階級又稱貴族階級，貴族們毋須勞作，而擁有大量封建性的土地。那就是說，他們有權靠剝削農奴的勞動而生活，但他們也得向更高級的封建主或國王盡某些義務，如從事戰爭、在特殊時期出席法庭、繳納各種非正規的稅賦等等。

如果撇開階級的性質不談，那麼在形式上中古的封建階級乃是金字塔式的，塔尖是國王，最底層則是廣大的農奴。封建主的範圍有大小的不同，但根本結構都是「莊園性的」。大封建主有多至數百個莊園的，小的也有一個或數個。

我們追溯封建制度的起源，便可發現此種階級制度的形式的確有其特殊的歷史背景。蠻族入侵，羅馬帝國滅亡以後，歐洲頓成一片混亂。盜賊橫行，人民無法安居。於是，農民或小土地所有者遂自動托庇於有武力的大地主的保護之下，而成為他的臣屬（當然其中也不少是侵占性的）。因此，貴族們在早期確有保護農民不受外人侵犯之功。但封建制度穩定之後，貴族們便轉成無所事事的寄生階層，同時，他們也不再像過去那樣服從更高封建主或國王了。這是後來國王所以要與城市工商業階級聯合，反對舊封建制度的基本原因。

貴族階級及其生活狀況大致如此，農奴階級的情形又怎樣呢？農奴是封建制度的基礎，是當時「卑賤」的階層。他們被束縛於土地之上，甚少自由可言。在這裡，我們先得提一提「農民」與「農奴」的區別何在。農民祇是指僱傭性的自由農，像今天所普遍存在者一樣，農奴則是上面所說的不完全自由的農人，但農奴也並非奴隸，因為他當可以有一部分時間為自己工作，不過除了逃亡或購得完全的自由之外，他永遠得依附於他所屬的土地之上。

在中古的早期，歐洲絕大部分的農民都是農奴，後來由於種種原因才逐漸獲得了自由。然而，十六、十七世紀時，東歐許多國家的農奴制度卻反而加強了，甚至法國與西班牙也依然存在著大批的農奴。

農奴對貴族的封建義務，種類極其繁多，主要的有如下幾項：一、農奴每週須在貴族的土地上義務工作兩日或三日，其收穫則完全歸貴族所有。在收割期間，農奴得放棄自身的工作去為貴族收割。同時，在緊急時期，農奴還要聽貴族的某些使喚；二、農奴須時時向貴族繳納稅賦（習慣是採取物品形態的）；三、有些器具如：製麵爐、釀酒器……等，完全為貴族所有，農奴為要使用常要付給貴族相當的報酬；四、農奴死後如無繼承人，其財產悉歸貴族。如有繼承人，則貴族可有權力徵收該農奴的最好畜牲（如耕牛之類），並指定繼承人繳付一筆相當於遺產稅的特別稅賦。

貴族與農奴兩大社會階級，壁壘森嚴，形成兩種絕對不同的生活方式。但是這種階級關係，並不像古代奴隸主與奴隸那樣殘酷，在理論上他們之間的關係是建築在「契約」的基礎之上。貴族有責任保護農奴，農奴自然更有義務為貴族勞作。然而，事實上封建制度發展到後期，貴族階級已完全墮落為窮奢極侈的腐化集團，祇享權利，而不盡義務了。所以認真地說，維繫著封建制度的還是「身分」，尊卑貴賤之分正是封建社會的基本結構。到了近代資本主義社會，一切社會關係才真正是契約性的。中古歐洲的封建階級制度大體上雖然很一致，程度上卻大有差異。普魯士、匈牙利、波蘭和俄國的階級對立性最為尖銳，而在法國和西班牙的情形也比較嚴重。

由於中古有基督教會之存在，在某些地方階級不平等又緩和了不少，那就是說，貴族與農奴也並不是在一切方面都是貴賤分明的。譬如我上面所說的，在教堂中貴族與農奴便都是上帝面前的平等人民。我們不能因為這種精神平等的實際作用不大，而加以忽視；對於社會階級的消除，精神平等倒是一種最重要的力量。近來研討西方平等概念的學者咸認為，基督教的平等傳統是形成近代平等思想的主要因素。正因為有著這一點平等的根苗，近代平等社會的創建才很容易地獲得了可觀的成效。

我說中古大體上是分成貴族與農奴兩大階級，但並不意味著此外便無其他階級的存在。其實城市中的自由居民，也另成一個重要的社會階層，這一階級在當時人數極少，勢力也有限，並不顯得很重要。但它的重要性以後卻逐漸地顯露了出來。城市居民中也有許多是從農奴中解放出來的，在封建制度最盛行的時期，城市都是封建主的私產，因此城市居民也和農奴一樣得向封建主盡某些封建義務。後來這一階級的財產愈來愈多，社會勢力也愈益壯大，於是城市便一個個地獲得了獨立。一般地說，城市居民在中古是比較自由的階級，中古末期以來，由於農奴大批逃亡的結果，這一階級的人數不斷在增長著，後來卒演變成我們所最熟悉的近代「中產階級」。此外，我們已經提到，中古的農民也並非全是農奴，在農奴制度之外尚存在著一大批自由農民。這些自由農民也不妨歸之於中產階級之內。

以上便是中古時代階級制度的一般狀況。顯然，人們都可以瞭解到這種階級制度的不平等性，近代民主運動的一部分意義正是要消除此種社會的不平等。接著，我們要討論到中古這種不平等的階級制度如何演變成近代的較為平等的階級制度。

三

階級制度從中古到近代的演變，其大趨勢可以說是：中產階級的不斷擴大，和貴族與農奴階級的逐漸萎縮。

最初為了生命財產安全的緣故，農民們不惜犧牲一部分自由換取封建主的保護。稍後，社會既經安定，農奴們便開始要求身體的自由了，個別的農奴逃亡城市的事到處都是，而大批的農奴則組織起來反叛封建主，以爭取集體的自由。早在九九七年，諾曼底已有農民革命發生，幾年以後，神聖羅馬帝國的大帝鄂圖三世遂頒布了一項法律，阻止農奴階級的逃亡。十二、十三世紀時，農奴階級又在另一形式下獲得了解放，那便是封建主自動放棄農奴制度。這是為什麼呢？因為封建主發現：自由農民的工作遠在困苦的農奴勞動的效率之上。歐洲不少地方的農奴便是這樣的獲得了他們最初的自由。封建主的「解放條例」頒發之後，農民對封建主的義務並非就此中止，不過這些義務都已明明白白地載之於條例之上，因此封建主便不再能任意地加予農民以任何無理的擔負了。這是農奴的社會地位的初次提高。到了十六世紀時，西歐多數農奴都已轉變成自由僱農和佃農了。英國圈地運動的結果，大批農奴獲得解放，法國早在十四世紀時，農奴已購得了身體的自由。祇有德國和若干東歐國家，因為落後的緣故，依然存在著農奴制度。

農奴階級轉化成農民階級，是封建制度過渡到資本主義社會的一個重要步驟。因為僱傭勞動是資本主義生產方式的基本特徵，因此西方歷史家往往稱此種僱農與佃農制度為農業的資本主義。

四

農奴階級的演進既如上述，現在我們試一察貴族階級在此大時代的轉捩期間有何變化。

中古貴族階級的沒落是一個長期性歷史過程。它的沒落，一般的說，採取了兩個途徑：一是貴族自動轉化成中產階級，一是農民革命使一部分的貴族趨向毀滅。

早在文藝復興時代，義大利的許多封建貴族便已從事工商業活動，因而也就脫離了他們原屬的階級，和新興的中產階級打成了一片。在十六世紀的時期，由於資本主義的蒸蒸日上，封建制度遂遭到了致命的打擊，貴族們為了獲取更多的利潤，遂遷居城市經營商業。於是一時乃有「離鄉地主」之稱。貴族既改經商業，地租型態也不得不隨從實物改為貨幣。這樣，封建的農業體制便完全為資本主義的方式所代替了，而原來是由身分維繫著的封建階級制度，這時也就得讓位於由契約維繫著的資本主義的階級制度了。貴族階級演化為中產階級的最好例證，是英國及其他若干國家的「圈地運動」。貴族階級因目睹羊毛業的利潤奇高，乃把原有的土地圈作牧場。這一改變，一方面使貴族轉化為中產階級，另一方面又解放了束縛在土地上的農奴階級。

至於農民革命之促成貴族階級沒落的事，在中古末期和近代時期的歷史上到處可見。例如：德國南部自一四七六年以來，便一再發生農民反抗貴族和僧侶的革命，許多貴族因此毀滅。

促成貴族階級的失勢還另有原因在。我們知道封建貴族是靠武力起家的；在武器不發達的中古，貴族的堡壘及其自衛武力已足以保衛自身及其臣屬的安全。但自火藥發明以後，堡壘的作用消失了，貴族階級的威脅遂頓成過去。此外，王權與中產階級的聯盟，也使得貴族階級的權威無法再維持下去。

五

農奴階級的解放與貴族階級的沒落，衹是近代階級制度演進之消極的一方面；它的積極一方面乃是中產階級的興起。這兩面原是不可分的與互為因果的一體：後者的興起促成了前者的沒落，而前者的沒落又愈益加速了後者的興起。

在第四章中，我們已詳盡地敘述了資本主義的成長，中產階級的壯大正是它的必然結果。早期逃亡到城市中的農奴，固然成了中產階級的有力分子，後期遷居到城市中的貴族也先後加入了中產階級的行列。城市的中產階級自始便和農奴不同，而獲有很多的自由權利。中產階級在經濟上的得勢，我們在第四章中已有所說明，這裡不必重複。這裡所要指出的是它在社會與政治方面所起的作用。在第五章中，我已指出文藝復興時期中產階級便已在政治上抬頭。在法國、西班牙和美國，中產階級已逐漸被承認為「第三階級」，而獲得參加封建議會。這是中產階級在政治上的初步得勢。十五世紀末葉的法國，由於百年戰爭的結果，貴族階級無論在財富或權勢上都已大為衰落，中產階級遂乘時崛起。在一四八四年選舉階級會議中第三階級的代表時，農民也獲得了參加權。後來的第三階級實際上便包括著中產階級和農民兩個社會階層。和法國同時，英國的中產階級也發展得很快。這時英國的城市已達到高度的繁榮與獨立。一個平民出身的人也能夠逐漸地獲致大量的財產，並掌握著重要的政治與法律機構。英皇愛德華四世和亨利七世在立法上便處處照顧到商人階級的利益。甚至圖多王朝本身也是威爾斯地方中產階級出身的暴發戶。十五世紀末與十六世紀初的西班牙，低層階級的自由權利與福利也比較有著更多的保障，但中產階級的勢力卻比不上英、法兩國。

隨著中產階級在經濟與政治方面的得勢，它在社會上的地位也無形中提高了一步，平等觀念的種子逐漸散播在一般人的心靈之中，人們也都在嚮往著一個平等社會的到來。

六

關於中古末期與近代初葉間的階級分野，我們已做了一番廣泛的觀察。但是，從階級森嚴的封建社會，演進到「人是生而平等的」近代社會，並非一朝一夕的易事，這一偉大而艱苦的工程是怎樣完成的呢？這正是我們現在所要討論的課題。

據我個人的瞭解，最初填平了中古階級鴻溝的是王權的抬頭與法律平等的興起。王權擴張的結果，一方是貴族階級的沒落，另一方面卻是法律平等觀念的萌芽。試以英國為例，英國的王權在十六世紀的圖多王朝統治下達到了最高峰；而同時，英國的習慣法也逐漸演化成一種國家性的法律了。強有力的王朝建立起來以後，全國人民無論任何階級在國王面前便都成了平等的屬民。湯姆遜教授說得好：「人們通常忽略了一個要點，那就是強有力的王朝產生了更廣泛的『社會』意識，此種意識使平等主義能更進一步的擴張，而超越了宗教派別或教會的界限以及社會階級的限制。」（《平等》，十三—十四頁）近代法律制度對於社會平等的貢獻則尤為顯著：它否定了一切貴族階級的特權。於是法律面前，一切階級的歧異也都自然地消失了。這便是我們所熟悉的「法治」，它確為近代民主政治舖平了道路。

宗教革命也大大有助於近代平等社會的創建。前面我們已經指出，即使在中古時期，貴族與農奴在教堂中也都享有精神上的平等。宗教革命的基本原則是，人人都可以憑其一己之良知而與上帝相通，這顯然是一種絕對的精神平等。同時，在新教教會之內，新教徒也確能根據著平等的精神進行自治。湯姆遜教授認為，加爾文教義傳布的結果，留下了「一般社會成員在精神價值和社會權利與義務上都是平等的」原則，真是一點也不錯。

在經濟方面，階級制度也同樣起了質的變化，但由於形式上階級的分野並未消除，人們對此多未能瞭然。封建經濟實質上是靠「身分」來維持的。「身分」則是世世相續、一成不變的，所以貴族階級與農奴階級之間的不平等根本上涵攝了一個重要的假定：貴賤是天生的。到了近代資本主義社會，「身分」已為「契約」所代替。儘管資本家與工人在實質上存在著甚大的不平等，但在精神上他們卻同是平等的自由人。而且，由於資本主義在初期確存在著競爭的自由，資本家於工人的階級地位也就不像貴族與農奴那樣具有固定性，而是隨時可以轉換的了。

此外，近代的民主革命運動也將強烈的階級意識沖淡了不少。中產階級、農民，以及城市的無產者都為了反專制、爭民主的共同目標而團結在一個旗幟之下，不復意識到彼此之間的階級鴻溝了。

七

現在，讓我清理一下近代階級制度演變的結果，看看它有何實質的成就。

照我們的劃分法，階級可以是四重的——政治、經濟、文化和社會。政治上治者與被治者的階級分野，因為有了民主制度作保障，實已名存實亡。文化與智識文盲上的階級分野，則由於義務教育的普遍推行，也已不再存在。法律平等的原則之確立、特權階級之消失，以及宗教平等的精神之傳播，使人們在意識上確已沒有貴賤的觀念。剩下來的，似乎祇有經濟方面存在著嚴重的階級歧異。貴族與農奴兩大經濟階級的對立消除之後，代之而起的卻是資產階級與無產階級的鮮明對壘。但根據我上面的分析，這兩種階級制度是有著本質上的差異；後者的癥結僅在於經濟制度上面，而不是在精神上有什麼不平等之處。因此，祇要我們對症下藥，最後這一不平等的階級制度之根除也不是什麼難事。

檢討了近代階級制度演進的過程，我們顯然可以看出，平等社會的創建確是近代文明的最大特色。像這樣一件艱難而遲緩的運動，我們居然能在短短數百年間於不知不覺之中完成了；那麼，我們對民主的前途不是更應具有無比的信心麼？

下篇

民主主義與極權主義

（一八四八—一九五〇）

第七章

帝國主義時代
——極權主義的根源及其萌芽

一

歷史跨進了十九世紀，近代民主主義顯然遭遇到一個嚴重的新挑戰，這一挑戰，追源溯始，是來自近代資本主義的經濟制度。在第四章的結尾處，我已根據史實指出工業革命以後資本主義的變質；到了十九世紀，這種變質的惡果便很顯然地暴露出來了。這些惡果是什麼呢？我認為可以分作兩類：一是帝國主義的經濟侵略，另一則是機器工業所帶來的唯物思想。它們逐漸為極權主義鋪好了基礎。由於在精神上帝國主義與極權主義是根本相通的，因此，我們又必須把這二者瞭解為一體之兩面。

二

就某種意義說，十五世紀時葡萄牙人與西班牙人的航海運動已給後來的帝國主義開了路。但是因為那時資本主義為在初興的階段，故殖民的意義遠較侵略的性質為重。

帝國主義原是資本主義的外在表現，因此，資本主義的內在病症愈嚴重，它的帝國主義的面目也就愈益猙獰。有一件很重要的史實可以幫助我們瞭解工業革命、資本主義和帝國主義三者之間的關聯。我們知道，西方工業革命的主要階段是一八三〇年至一八七〇年；一八七〇年以後，資本主義已經完全變成了少數大資本家的壟斷經濟。但同時，一八七〇年以後，也恰恰是西方帝國主義以嶄新的姿態出現的時期。我有足夠的理由相信，這絕不祇是一個單純的時間上的偶合，其間確然存在著內在的邏輯關聯。

十八世紀是英、法爭奪海外殖民的霸權的時期，結果無論是在美洲或亞洲，法國都失勢了，英國形成了世界第一強大的帝國主義國家。到了十九世紀的下葉，帝國主義的侵略有著劃時代的進展。從一八六〇年至一八八〇年這二十年間，英國特別加緊奪取殖民地；法、德兩國則在十九世紀的最後二十年間拚命加強其帝國主義的侵略活動。霍布森在他的《帝國主義論》（*Imperialism*）一書中，也將一八八四年至一九〇〇年這二十餘年劃為歐洲列強加緊擴張領土的時代。在此期間，英國奪得了三百七十萬平方哩面積的地方和五千七百萬的人口；法國奪得了三百六十萬平方哩面積的地方和三千六百五十萬的人口；德國奪得了一百萬平方哩面積的地方和一千六百七十萬的人口。總之，十九世紀末期，各帝國主義國家的外交政策的主要目標，便是如何攫取更多的殖民地。

作為一個中國人來看帝國主義的問題，顯然要比任何其他國家的人來得深切些。百餘年來我們是一直處在帝國主義侵略鐵蹄的蹂躪之下，而今天中國所以會陷入極權主義的魔掌，追根究柢，顯然還是帝國主義侵略的必然後果。中英的鴉片戰爭發生在一八四〇年；美國打開日本門戶則是一八五三年。這兩個年代告訴我們，十九世紀中葉以後，確是帝國主義氣焰最高漲的年代。關於這一點，列寧的見解倒是很正確的，他說：「我們在上面已經看見，壟斷前期的資本主義，即以自由競爭占統治的資本主義發展極廣的時期，是在十九世紀六十和七十年代。現在我們知道，正是在這個時期以後，便開始了奪取殖民地的巨大『高潮』，並異常加強了分割世界領土的鬥爭。所以，資本主義進行壟斷階段，顯然是和分割世界尖銳化的事實聯繫著的。」（《帝國主義是資本主義的最高階段》，頁九十）

三

以上祇是資本主義變質以後的外在表現，這種表現是結果而不是原因。更重要的，我們得瞭解十九世紀以來西方社會內部所發生的變化。

大約在一八五〇年左右，英國和比利時在紡織工業方面已發展了大規模的工廠制度。其他歐洲國家如：德國、法國、俄國等，由於客觀條件不具備，則遲到十九世紀的下葉才具有大規模的工廠生產。益以「煤鐵時代」到來之後，工業進步一日千里。從一八三〇到一八七〇這四十年間，工商業都有著驚人的擴展，鐵路、公路、輪船的發明，使人類交通起了劃時代的革命。因之，大量的原料得以很快地運輸到工廠中來，而工廠中的大量生產品，也可以推廣到更遙遠的市場上去。供與求相互競長的結果，終於把資本主義從自由競爭推進到壟斷的階段。所謂資本主義的壟斷究竟有什麼特徵呢？它的最顯著的標幟便是大壟斷公司的出現。一般地說，歐洲自由競爭的最高峰乃是十九世紀六十和七十年代，自此以後，便相繼出現了巨大的壟斷組織。（請注意：這與前面所說的工業革命的結束與帝國主義的新開始在時間上又恰恰相吻合。）十九世紀八十年代時，由於經濟上的不景氣，大資本家們乃紛紛組織卡德爾（cartel），這是資本主義壟斷組織的最初形態。卡德爾的作用，是在各個參加此組織的企業之間分配市場，並規定商品的最低限度的價格標準，而共同遵守之。接著，新迪加（syndicate）、托拉斯（trust）等等更完善的壟斷組織一個個形成，到十九世紀末和二十世紀初時，壟斷組織已成了資本主義經濟生活的普遍基礎。

經濟權力集中於少數大資本家之手，經濟自由祇有對這些帝國主義制度下的極少數的寵兒才是存在著的，對於廣大的中下階層人們則已毫無意義可言。馬克思、恩格斯的社會主義理論便是以十九世紀的英國勞工階級狀況為根據的。因為經濟方面的極端不公平，近代民主才受到了致命的威脅，而極權主義的興起也正是建築在這一嚴重的經濟病症的基礎之上。

十九世紀真是一個矛盾重重的時代，一方面大資本家是如此的得勢，而另一方面，勞工階級的生活卻苦痛到萬分。本來，像我在第六章中所指出的，階級分歧和階級意識已經很輕微，但十九世紀的巨大機器生產，卻又在資產階級與勞工階級之間劃下了一道深刻無比的鴻溝。這正是產生馬克思的階級鬥爭學說的歷史社會背景。在民主體制已經建立的國家如英國，勞工運動也展開了，工人們要求享有完全的政治權力和社會保障。在民主制度尚未存在或鞏固的國家，十九世紀中葉也發生了不少極權主義的革命運動，如：馬克思在德、法所領導的一些無產階級暴動皆是。關於這些，後面我們將繼續討論到。

四

極權主義的萌芽，並不單純地是勞工階級生活困苦這一歷史社會背景所可以解釋得清楚的。大壟斷公司的出現，也未始不使極權主義增添了不少力量；因為，儘管極權主義是以壟斷資本主義的反命題出現的，但它二者在根本上卻有最相同的一點——權力集中。

我們已經說過，工業革命與資本主義的結合造成了壟斷經濟；這裡我要更進一步地指出，工業革命所產生的機器生產制培育出了唯物主義的思潮。在上篇中，我們看到近代文化運動的新方向是人文主義的；工業革命以後，人文主義的精神又衰落下去，在機器的薰陶中，在輝煌的物質文明對照之下，「人」不再被人們重視了。人們祇相信科學萬能，相信自然的規律；而一切人所能做的祇是如何去發現規律和適應規律。這種思潮和機器生產之間的關聯很少受到人們的注意。我們現在就要來試著分析這一點，看看極權主義的根苗到底發生在何處。

機器生活究竟有何特徵呢？這是我們首先要知道的事。它的第一個特徵是人的集中。在一個工廠之內有著幾架大機器，許多工人整天還圍繞著它而工作。而且，資本家所考慮的祇是如何使工廠設在靠近原動力——水源或煤礦——和運輸便利的所在，以及如何廉價而迅速地建造起工廠來……等等問題。至於光線如何、衛生如何或空氣如何之類的問題，他們是毫不關心的。因此，每一個工廠建立之後，接著便有許許多多的工廠環繞此一所在而設立，逐漸地形成了一個大規模的工廠區。此外，在工廠區域之內還隨著出現了大量的工人住宅，其建築與衛生則猶遠在工廠之下。通常工人們一家大小都擁擠在一兩間房子裡，其狼狽不堪的情形令人無法形容。在這種人擠人的社會中，很容易培育一種憎恨人的心理；此外物質條件的困苦也嚴重地影響到心理與生理的健康；人的生活如此，人格的尊嚴與價值自然便隨著喪失了。兼之「無恆產者無恆心」，工人既已淪為無產階級，他們早先獲得的自由與獨立的精神遂亦為之減色不少。我們當不難想像，生活在這種環境中的人們，一旦聽到「鬥爭」、「階級仇恨」等等煽動性的口號時，其情緒會如何地激昂了。

機器生活的第二個特徵是人的機械化與零件化。我們知道，工業城市在外貌便是極其單調的，都市中的一切建築都是那麼庸俗而機械式的，毫無藝術情味可言。不僅外表如此，工廠工人的內在生涯更是單調得可憐。在工廠中，工人的工作是固定的，每天都是那一套公式，沒有變化。他並不能前一小時織布而後一小時耕地，因為時間根本不屬於他自己的了。每天早晨工廠鳴笛的時候，他就得上工，在單調的軋軋機器聲中消磨著悠長的日子——工作時間竟在十四小時以上。更有甚者，工作的本身也零件化了。每一種工業都已被劃分得七零八落，而每一類工人則祇管其中的一小部分。這自然是近代分工制度的結果，但分工制一方面固然提高了工作效率，另一方面卻使工人變成了自動的機器——每個人都習慣地重複著某些特殊的動作，結果使得腦筋停滯，完全喪失了創造性的思維能力。工人長期機械化的結果，重物輕人的觀念便很自然地產生了。機械化的結果使人們喪失自由自主的精神，零件化的結果則破壞人格的獨立與完整。而且，人們長久地習於嚴格的紀律訓練，也正是後來極權主義所最需要的預備條件。試看無論是法西斯或共產黨，都具有嚴格紀律的特色。從歷史上看，這種特色祇有在兩種社會基礎上才可能形成：一種是古代絕對服從的奴隸制度如斯巴達，另一種則是近代的機器生活。當然，我並不是說祇要存在著這種制度的社會便必然得走向極權之路；但極權主義必須得建築在這種制度之上，倒是可以斷言的事。

機器生活的第三個特徵是生活無保障。在農業生活中，農民無論怎樣困苦，但他總有一塊搶不走、毀不了的土地可以依賴。工人卻完全不同了。工業革命以後，城市無產者的人數遽速地增漲著，因此勞力過剩而工作不足；失業的威脅隨時存在。多數的工廠工作都不需要很高的智力或技術，故競爭的人也極多，這更增加了失業的機緣。即使退一步說，失業的問題解決了，經濟危機之一再發生卻又常常威脅到工人生活無安全。此外，工人毫無積蓄，倘遇疾病或其他意外時，便立刻無法支持。凡此種種都說明了工人生活處在驚濤駭浪中，隨時都有覆舟的危險。生活的動盪毋寧嚴重地影響到情緒的激動。這種情緒便構成了後來極權主義中一個最重要的實踐因素——狂熱症。

分析了近代機器生活所造成的三種特徵，我們顯然已能瞭解到近代極權主義發生的社會根源了。但是有一點我們必須弄清楚：造成這種特徵的並非機器工業的本身，倒毋寧是資本主義的經濟制度。這種制度加上工業革命的助紂為虐，才給近代工人階級帶來了無窮的災害。

五

極權主義在現實社會中的根源我們已發掘了不少，而它在思想上的根據我們還沒有談到。現在，我便要從這一方面來探溯極權主義的發源地。

一般治思想史的學者都認為西方思想自希臘以來，便是個人主義與集體主義互爭雄長的歷史，共產黨人則武斷地認為，一切人類的思想史都是唯心論與唯物論的鬥爭史。其實就表面上看，這種分類法未始不各有幾分根據；但更進一層地分析一下，我們當不難發現：古今中外的一切思想都環繞著一個問題而產生的，那便是「人」，一切尊重人的價值、以人為社會以至宇宙的中心，以及認為人的存在是第一位，而社會、國家、民族……等等的存在祇是第二位的思想，都是屬於人文主義的。反之，則屬於唯物主義或唯神主義的一派。從這個標準，希臘是人文主義得勢的時期，中古則是唯神主義的統治時代；文藝復興確曾一度喚醒了人文主義的意識，但到了十八世紀以後，由於種種原因，唯物思想已開始抬頭。人文思想具有溫和緩進和個人中心的特質，而唯物主義或唯神主義則是激進的和集體的主義的。因此，在前一種文化基礎上所建立起的社會制度是較為民主的，而在後一種文化基礎上所建立起來的社會制度則是較為專制的。歷史的例證極多，如：希臘最早肇始了民主體制，中古卻又陷入黑暗的專制主義時代，文藝復興的人文思想給我們帶來了近代民主，十八世紀以來的唯物思潮豈不顯然是二十世紀極權制度的溫床嗎？

在哲學史上，十八世紀的法國是以唯物論的盛行而著稱的。其實，早在十七世紀時笛卡兒和斯賓諾莎已經開了唯物論的先河。笛卡兒原是一位自然科學家，他的哲學建築在物理學與數學的基礎之上，故頗帶有幾分機械論的氣氛。他將有機界作機械的解釋，因而認為人也是一個機械，心靈祇是身體的一種機能。但笛氏並不是一個純粹的唯物論哲學家，他同樣承認精神的作用及其價值，後來萊布尼茲便繼承了他這一方面，而發揚光大之。笛氏的唯物思想的門庭經過了斯賓諾莎的整理，也面目為之一新。斯氏捨棄了笛氏唯心論的一面，發表為一元論的唯物論。他認為物體之間的相互作用祇是單純的機械式的。他從數學理論出發，所以其哲學又具有嚴格的定命論的性質。

從笛、斯諸氏的唯物思想演進到十八世紀的法國唯物論，中間還經過幾位哲學家的過渡。如：英國的托蘭（John Toland）曾著《泛神論》一書，以機械解釋人的感官。哈德勒（Hartley）則認為精神作用係賴腦髓之波動，其活動乃遵循著機械的法則。

到了十八世紀，唯物論又大大地跨進了一步。拉美特利（La Mettrie）承受了笛卡兒的動物機體的機械觀，認為人也同樣是一種機械。霍爾巴哈（Paul-Henri d'Holbach）著《自然體系》一書，純以物質與運動解釋一切，而不承認別有所謂靈魂。在他的眼中，思想祇是腦髓的作用而已。法國唯物論的大師，要推百科全書派的狄德羅（Diderot）、卡巴尼（Cabanis）、特拉西（Tracy）和洛賓內（Robinet）諸人。狄德羅很早就具有自然的一切力的統一的思想，並堅信自然科學將來一定能使自然的一切力結合為一完整的體系。卡巴尼和霍爾巴哈一樣，也以為思想是腦髓的作用，洛賓內則從生物學的觀點上發揮他的唯物思想，他把一切的變化都看成了物的增加。

我們簡要地敘述了十八世紀的法國唯物論，便不難發現它是如何在思想上為現代極權主義開路的了。這些唯物論哲學家都具有一種特徵——以自然科學為哲學的基礎。因此，他們的哲學上也都打上了自然科學——數學、機械學的烙印。機械論、一元論、獨斷論……等，正是今天極權國家的教條主義所不可或缺的因素，在十八世紀時這些因素都已經存在於唯物思想中了。最有意義的是，拉美特利曾寫過一本書叫做《人－機械》（*L'homme machine*），極力證明人與禽獸是基本上相同的東西。人文主義的黯淡、唯物思潮的猖獗真是達到驚人的程度。

隨著資本主義的發展和物質文明成就的增加，唯物論到了十九世紀又有著新的進展。這裡我所要特別指出的是德國的費爾巴哈（Ludwig Feuerbach）。費氏最初是黑格爾的信徒，但後來卻變成了一個唯物論者，反對黑氏的唯心哲學。他認為：「哲學當重新與自然科學結合，而自然科學也應當和哲學結合。」他肯定思維是從存在中產生的：人的思想、感覺和體驗最後都是依附於身體組織。馬克思和恩格斯雖然也可以說是十九世紀的唯物論哲學家，但他們在哲學思想上並無新的貢獻。所謂辯證唯物論，乃是馬、恩兩氏剽竊了黑格爾的辯證法和費爾巴哈的唯物論而混合起來的東西，根本談不上有什麼新發明。

唯物思想之造成極權主義其實已是不消證明的事。共產主義者已一再宣稱他們的「哲學基礎」是辯證唯物論。法西斯主義或納粹主義雖然在表面上反對這種哲學，但是實質上，其重物輕人的觀念與共產黨人毫無二致，這一點以後我們還要討論到。

另一方面，十九世紀若干進化論的大師如：赫胥黎（Huxley）、海克爾（Haeckel）、斯賓塞（Spencer）也同樣持有一種樂觀主義的唯物思想。海思教授曾寫過一本叫做《唯物主義一世代》（*A Generation of Materialism*），敘述從一八七〇年到一九〇〇年間的歐洲歷史。他特別注意唯物觀點在自然科學、社會科學以及現實社會各方面的影響。由此可見，近代唯物思想的流行是如何普遍而深入了。

本來，就反對中古的神學教條而言，我們顯然不能不承認物質的巨大作用；因此有人認為文藝復興乃是一種「由靈返肉」的文化運動。但人們很少瞭解到，我們所以反對神學教條是因為它否定了人的價值與作用，如今我們又讓唯物主義代替了上帝的地位，人的價值與作用依然被壓抑得極其低微。這根本與文藝復興的精神是背道而馳的。近代唯物主義興起之後，人們在意識上已逐漸培育出一種環境決定論。好像在社會運行中人是絲毫無能為力的；一切人所能做的祇限於如何去「適應」環境。於是，在此種基礎上遂出現了形形色色的歷史定命論。其中最武斷而又為害最深的一種，無疑要算是馬克思的歷史唯物論了。在這裡，我無意批判一般的歷史的定命論或馬克思的唯物史觀；我所想指出的，乃是這種種唯物論的出現，人的尊嚴、人的價值已被徹底地否定了。極權主義把人當作機械、當作工具並非出於偶然，撇開社會歷史背景不談，在理論上它也是有著深厚的基礎的。

六

帝國主義、壟斷經濟、機器生活，以及唯物思想等等都深深地影響到現代極權主義的形成。極權主義絕不是歷史上專制主義的單純重複，它確具有新的內涵、新的根據。它抓住了近代文明中某一方面的嚴重病症，因此才能風靡一時，深受一般對現實社會不滿的人們的擁護。極權主義的存在是具體的，儘管我們恨它、咒罵它，但都不足以動搖它的根本。它的產生是有原因的，我相信除了發掘並消除這些原因之外，我們一時還沒有什麼高明的辦法可以根本擊垮它。而且，即使我們可以憑著軍事、政治的方法打倒它，如果它的產生的原因依然存在的話，我們是無力阻止第二、第三種極權主義的萌芽的。所以，問題乃是在於：如何從根本上改造近代文明。

十九世紀是一個矛盾重重的帝國主義時代。在這個時代裡，極權主義萌芽成熟。而二十世紀極權制度的出現，實祇是一種瓜熟蒂落的自然結果而已；追源溯始，我們不能不從十九世紀說起。

但人們不免要疑問，極權主義的根源在中國並無存在的餘地，為什麼中國的極權主義運動倒成功了呢？又為什麼英、美諸國曾經存在著這些根源，反而沒有形成極權制度呢？其實這些問題都很容易解答。第一、這些根源祇是構成極權主義的必須條件而非充足條件，那就是說僅具備這些條件並不必然能產生極權主義，還得看一國歷史傳統以及社會其他方面的情形究竟是有利抑或有害於這些條件的效用之發揮。第二、中國的極權主義完全是舶來品，它在中國傳統社會中並未能生根。而且，任何一種制度既經形成之後，便可以移植到其他地方，問題僅在於該處是否具備了此種制度的存在條件（注意：並不是構成條件）。就我們所知，極權主義存在的最好所在，乃是具有專制傳統和經濟落後的國家。明乎此，對於中國極權制度的建立也就不必感到奇怪了。

第八章

從社會主義到共產主義——極權主義的成長

一

社會主義與共產主義兩個名詞在共產黨的理論中是代表著兩種不同的歷史階段，前者是「各盡所能，各取所值」，後者「各盡所能，各取所需」。但是我在這裡使用這兩個名詞時卻有著截然不同的意義。我個人的看法，社會主義是極權主義的最初形態，其中還存在著民主主義與人文主義的因素；而共產主義則是極權主義的最高形態，它是以民主主義的絕對反命題的姿態出現的。從社會主義到共產主義乃是民主成分日益褪除、極權因素日益增多的一種發展的歷程。一八四八年《共產黨宣言》的發表，是這一歷程的最顯著的標記。同時，它也象徵著極權主義的正式建立。

共產黨人一向把社會主義的發展分為兩個階段：馬克思以前的社會主義是烏托邦社會主義，馬克思以後的社會主義則是科學社會主義。他們認為馬克思的最大功勞，便是將社會主義變成了科學的，意思就是可以實踐的。把社會主義分成兩個性質不同的階段，我是同意的。我已指出一八四八年的《共產黨宣言》便是它們的分水嶺。但是，所謂「烏托邦的」和「科學的」卻純是一種欺人之談；它二者的真正差別應該是「民主」與「極權」的異趨，下面我們當對此加以論證。

恩格斯寫過一本小冊子——《社會主義從空想到科學的發展》（原為《反杜林論》中的一部分），最早劃分了這兩個階段。恩氏在該書的英文版序言中又補敘了社會主義的理論背景——近代唯物論的發展，這更可以助證我們以唯物思想為極權主義的根源之一的見解。其實，依我個人的看法，馬克思以前的社會主義還可以分成兩個段落。第一個段落是社會主義的萌芽期，包括從十五世紀的摩爾到十八世紀的法國社會主義思想家梅利靄、馬伯里（Mably）、毛勒利（Morelly）。第二個段落是社會主義的形成期，包括從十九世紀的三個偉大的社會主義者傅立葉、聖西門、歐文到勃蘭基、路易．布朗，以及衛德林等。馬克思的社會主義是已經變了質的社會主義，我把它稱之為共產主義，以示不同。以下，讓我們根據這種分期法來追溯此一極權主義的演進真相。

二

拉斯基教授在《共產主義的批評》（*Communism*）一書中，曾將社會主義的起源上溯至柏拉圖的《共和國》。誠然，從集體主義這一點上說，在柏拉圖所幻想的社會中，個人是很少有活動餘地的；這與今天極權主義制度所實施者正復相去不遠。但從基本精神上著眼，柏氏的理想國是從人性出發的，而極權主義則根本否認人性，因此我們無法將這二者混為一談。社會主義在近代的發端顯然要歸之於湯瑪士．摩爾的名著──《烏托邦》（*Utopia*）。摩氏受柏拉圖思想的影響極大，其

《烏托邦》一書也是採取了對話的體裁。

摩爾所生長的正是英國「圈地運動」的時代，許多農民因此喪失了土地。封建領主為了要從羊毛業上獲得更多的利潤，也不惜用種種方法將農民逐走，使他們到處流浪，無棲身之所。這便是有名的「羊吃人」的時代。摩氏目睹此種不平的現象，胸中充滿著憤懣之情。他肯定「社會貧窮的最主要原因在於顯貴者的眾多」；所謂「顯貴者」乃是指那些靠羊毛業起家的地主們。從這一點推衍下去，他最後竟認為私有財產是社會罪惡的根源，他說：「可以建立公共幸福的唯一手段是消滅私有財產權。」由於他對私有財產性質的認識不充分，他更進而誤解了國家的作用。在他的心目中，國家祇是「富人的陰謀組織」。這兩大要點正是後來馬克思的社會主義所承襲了的。我們顯然可以看出，近代極權主義的制度便建築在這種錯誤的觀點之上。但是我們必須知道，在摩爾的時代，民主主義才剛剛萌芽，近代的國家尚未出現，而當時的財產制度也還沒有擺脫傳統的封建性質。因之，摩氏的思想與馬克思的理論是不能相提並論的。馬克思時代，民主主義已發展到很成熟的階段。馬氏無視於近代文明的光輝一面，祇看到其中的一部分弊端，並以此部分的弊端為根據而發揮了一套偏激的理論，他的反民主本質是很明顯的。摩爾雖然在攻擊舊社會制度時持著偏狹的見解，但在建立新社會方面卻具有民主主義的精神。首先，他所幻想的烏托邦社會是建築在人性的基礎之上，他以家庭為社會組織的基本單位。國家的一切機構都須從選舉中產生，而一切重要決議也得在全體公民參加的條件下通過。就這一點言，摩爾不僅是民主主義者，而且在他所憧憬的民主還是一種徹底的直接民主哩！在社會改造的方法上，摩氏也同樣為人文思想所支配。他最反對戰爭和殘殺，除了萬不得已為了自衛起見，否則便不應有戰爭。因此，他不主張通過流血革命來實現烏托邦。他認為個人的人格是歷史社會中最重要的因素，完美的人格可以決定一切。社會組織固然重要，但組織離不開人，歸根結底得從培養完美的人格做起。這種思想顯然是受到了文藝復興的人文思想的影響，也是民主主義的中心原則。

摩爾後一百年，義大利產生了一位社會主義思想家——康班尼拉（Tommeso Campanela, 1568-1639）。當時的義大利因處在西班牙人的統治之下，民族復興與國家統一的意識，在知識分子間非常活躍。康氏即因為參加推翻外國統治者的陰謀而被判處二十六年徒刑。在獄中他寫成了《寫實哲學》，其中最有名的一章便是〈太陽城〉，一個偉大的烏托邦幻想。康氏該書並無太多的創見，大體上是模仿摩爾的著作與柏拉圖的《共和國》。他和一切社會主義者一樣，也認為社會的罪惡根源乃是在於個人私產制。但是在〈太陽城〉中，我們卻看到極權主義在某些方面的更進一步之發展。第一、它過於要求整齊劃一，要求系統化，甚至認為一切人的美麗都該一致，不允許任何裝飾。第二、和墨子一樣，他也主張愛無差等，祇有公共生活而無個人生活，一切東西都由政府分配，甚至妻子也包括在內。第三、太陽城的政治是由一個叫墨塔資綏克（意即玄學家）的人（還有三個助手）永遠掌握著，這與今天極權統治者的情形頗相近似。有了這幾點，社會主義理論中的民主精神便為之遜色不少。

到了十七、十八世紀，法國又出現了三個社會主義思想家，梅利靄、馬伯里、毛勒利。梅、馬兩人的思想很普通，不過是摩爾諸人的烏托邦理想之重複。其中以毛勒利的思想較為值得注意，他在哲學理論方面頗有貢獻。他是當時法國理性主義的大師，其社會哲學完全以自然權利和理性為基礎。我們必須瞭解，毛氏雖然生在法國大革命之前，但那時的民主制度已經有了重要的發展，若干民主共和國也已出現。然而毛氏並未能認識民主制度的價值，他說：「民主……都是多多少少的根據於財產及利益之上，這是最不堅固的一種基礎。」這種政治哲學正是後來馬克思和列寧所承襲並發揮了的。因此，在毛氏所規劃的新社會中，便否定個人的存在價值，而以每個人民為「國家的人及公民」，為國家做工，由國家供給生活。這種種理論又與極權主義的原則不謀而合。

毛氏死後不久，法國復產生了一位社會主義怪傑，那便是巴伯甫（François-Noël Babeuf）。巴伯甫曾親身參加了法國革命，因而具有激越的革命熱忱。他在理論上承襲了毛勒利的見解，甚少創建。他的最大影響乃在於革命策略、組織之技術方面。他極力提倡暴動，並認為祇有通過暴動和恐怖等殘酷手段才能實現新社會的理想。他是一個實踐的革命家，終因為組織了「挽救社會的秘密指導團」，陰謀再一次的革命而被判死刑。巴氏這種種作為，實給極權主義提供了一套實際的革命方法，我們試看今天共產黨人在各國的陰謀便不難瞭解巴伯甫主義與極權主義的密切關係了。

三

社會主義發展到十九世紀初葉，它的理論才真的到了成熟階段。這是為什麼呢？我們必須注意到當時的社會狀況。我們在前面已經討論到，工業革命以後的資本主義制度已逐漸失去了早期的自由競爭的特徵，而進入了大資本家的壟斷時代。同時，在這期間資本家與工人之間的階級鴻溝也分裂得最為深刻。因此傅利葉說道：「工業制度，這就是我們科學的怪物，這是狂病，大家生產，沒有方法，沒有比例的報酬，對於生產者或工人沒有絲毫的保障。」十九世紀的社會主義，便是建築在這種痛恨資本主義的情緒之上。近代文明的弊病出在經濟制度方面，由於這一弊端的為害又影響到其他方面的成就。社會主義祇看到經濟問題的嚴重性，於是遂以偏概全，認為一切社會問題的解決都須以經濟基礎為依歸，重大的錯誤乃由此鑄成。這是十九世紀的社會與以前社會主義在歷史社會背景上的根本差異所在，不瞭解這種差異我們便無法認識它的演進真相。

十九世紀的歐洲有三位最偉大的社會主義思想家，這三個人便是傅利葉、聖西門、歐文。他們三個人的學說並不完全相同，甚且還互相指摘。然而，他們卻有最相同之點：嚴厲攻擊資本主義制度，但反對政治鬥爭。

傅利葉因目睹資本主義制度下工人生活太無保障，因而根本懷疑到整個近代文明的真實價值。他認為文明是「新成立的奴隸制」，「文明之於罪惡，有如病源之於疾病然」。他不僅痛恨近代的文明成果，甚至還否定一切文明的效用，他說：

「政治及道德的科學，從它們成立之後的二十五世紀以來，都沒有做過絲毫工作來謀人類的幸福；它們祇加厲了人間的仇恨，增加了貧窮，鞏固了不平等，使之成為社會組織的基礎。」這種說法正和後來馬克思主義否定學術的獨立價值的論調如出一轍。

但傅氏仍有某些方面未喪失傳統的人文主義精神。最顯著的是，他認為新大同社會得建築於感情的基礎之上。社會結構的根本原則和規律是「感情的吸引」。他把感情分成十二種，並建立起一個嚴謹的體系。這與共產主義的鬥爭哲學恰恰處在相反的地位，因此之故，他才進而主張階級協調。他要發展社會中各階層人們的共同利害，而消弭其間的歧異，最後使「社會的一切階級都會忘記相互的仇恨」。

比起傅立葉來，聖西門的社會主義思想的確涵攝了更多的民主成分。首先，聖西門雖然也講階級，但他的階級涵義卻非常廣泛，他因目睹當時第三階級與封建貴族階級鬥爭的現象，故創造了一個「工業者階級」，包括工人、廠主，以及銀行家等等與工業生產有密切關係的分子。這種思想確與近代民主理想的距離甚近。「工業者階級」如何才能獲得統治地位呢？聖西門絕對反對任何暴力的方法，而主張採取「和平的手段，就是說討論、證明及說服是工業者所用的唯一方法」。此外，他還倡導一種新基督教，以便在精神上融和各階級與各民族之間的共同利益，增加人類（不分階級）的普遍幸福。

那麼，聖西門對後來共產主義的理論有沒有新的增加呢？有的。他的貢獻是在歷史哲學方面開闢了唯物史觀的門徑。第一、他最早在歷史上尋求一種規律性；他認為社會科學也和自然科學一樣，應該成為一種嚴格的科學。因此，研究過去的歷史便是要預知人類的未來。第二、他認為生產是歷史演進的根本動力。本來，十九世紀的法國史學界已有許多史學家如米尼（Mignet）、基佐（Guizot）等，以財產關係為社會制度的基礎。聖西門則更進一步地指出，工業在歷史上的巨大作用。「在十五世紀以前政治的權力操在貴族手中，這是有益的。因為那時貴族是最能幹的工業家，他們領導了農業的工作，而農業在那時是唯一的工業」。

他還明白地說：「生產是任何社會組織的目的」，「政治……是生產的科學」。這些觀點，在一個未瞭解聖西門思想的人看來，顯然像是出自馬克思之口一樣。所以，儘管聖西門在某些見解上還保持著民主的原則，但他也和一切其他的社會主義者一樣，曾經部分地發展了後來的極權主義的理論。

傅立葉和聖西門乃是法國的社會主義大師。同樣的，十九世紀的英國也產生了歐文的社會主義。歐文在社會主義史上的重要性，不僅是在於他的思想，尤其是在於他的實踐。

歐文生長的時代正是英國勞工階級生活最困苦的階段，歐文便本著他那偉大的人道主義理想從事於改善工人階級狀況的工作。他之所以成為舉世知名的人物，最主要的是由於他在紐拉那克（New Lanark）工廠中的社會主義做法。他盡量改善廠中的工人生活，減少他們的工作時間，和提高他們的工資。此外，他還創辦了學校，教育工人子弟。紐拉那克廠因此名聞天下，來參觀的人絡繹不絕。甚至俄皇尼古拉在即位前，也曾到過這裡，和歐文有很長的談話。歐文自己曾這樣描寫著他的工作：「在八年中，我完全從事於教導人民改良鄉村生活及工業組織的工作。從早到晚我的心意都集中於發明及實行那些改良人民生活的方法上面……。」

後來歐文又跑到美洲組織「新大同」的農業會社，企圖實現其社會主義理想，但結果卻沒有成功。

他的最真實的成就，則是在工人運動方面；並因而成了英國勞動立法的首創者。最初，歐文已在自己的工廠中，實行了減少工作時間和禁用童工的主張，一八一五年，他又把這種主張撰成一個童工法案的草案，希望獲得國會的通過。

這一法案終因反對者太多，一直拖到一八一九年才在兩院通過，但較之原來的內容，已有很大的差別。一八三三年，他復出席孟徹斯特的建築工人大會；他認為祇有通過全國性的工人同盟，才能到達社會主義的目的地。曾有數萬工人在他的號召下團結了起來。但歐文根本上也是反對政治鬥爭的，他把政治組織祇看作社會組織的一部分，並認為社會改革的效用大於政治改革。他說：「這是顯明的真理，人民幸福之依賴於社會組織者，與其依賴於政治組織者正復相同，而且如果人們祇努力政治組織的改進，那是不會發生什麼效力，而不能徹底實行任何合理的改革。」這是何等的卓識！因此之故，他便拒絕參加英國當時的人民憲章運動，不願意走暴動與鬥爭的道路。歐文一生都是為工人階級的福利而奮鬥，但又能超越於此一階級。我個人的看法是，如果民主社會主義真有其事，也祇有歐文才真的當得起這一稱號。

和聖西門一樣，歐文也曾助長了極權主義。最顯著的是他發展了「存在決定意識」的唯物觀點。他在所著〈人的性情的形成〉一文中認為：「當時這樣想，以為人不依靠周圍的環境，而自己養成性情，這是錯誤的原理。人的性質，毫無例外的，總是從外界輸入的。」其次是，他的經濟權力集中的理論。在他所規劃的「合理社會」中，他將社會分成四大部門：生產、分配、教育和管理；這可以看出他過分偏重經濟問題。同時，他又反對私有制度，商人的中間剝削則尤為他所深切痛恨；他主張建立一種大規模的集體主義經濟組織以代替之。

傅立葉、聖西門、歐文之後，法國和德國還繼續產生了若干有名的社會主義者，對於馬克思的共產主義也有所影響。如：勃蘭基（Auguste Blangui）認為社會解放必須先以武力奪取政權，主張恐怖暴動。如：路易·布朗的極權國家觀：「政權是一種有組織的力量，政權依據國會、法庭及軍隊，即法律、裁判及制度之上的三合權力。」又如：德國的衛德林（Weitlng）鼓動強烈的階級仇恨，倡導無產階級專政論。所有這些，都是構成馬克思共產主義的重要因素。

四

社會主義發展到馬克思和恩格斯，遂有了劃時代的大轉變，一八四八年《共產黨宣言》的問世，告訴我們極權主義的理論（共產主義）已經完成了。

馬克思主義的確是一個包羅萬象的「完整的」思想體系，全面地加以檢討與批判勢為篇幅所不容，且亦超越本書的範圍之外，因此，我在這裡祇指出其中直接造成二十世紀的極權制度的理論部分。（雖然它本身便是一套不折不扣的極權學說，但其間仍有若干概念不能解釋為極權主義的直接構成因素。）

就馬克思共產主義的理想方面說，它與烏托邦社會主義者的幻想並無深刻的歧異。馬克思主義之所以被共產黨人稱之為「科學的社會主義」，主要是因為它的實踐手段，及其過渡階段的措施與烏托邦社會主義者截然異趣。究竟馬克思主義的那些部分才是極權制度的直接基礎呢？

第一、階級鬥爭說。馬克思在《共產黨宣言》中劈頭便說：「一切至今存在過的社會歷史是階級鬥爭的歷史。」要鬥爭自然便離不開暴力——用暴力奪取並維持政權。法西斯主義與納粹主義雖然不講階級鬥爭，卻講種族鬥爭、個人鬥爭，其為鬥爭則一。所以貝恩斯（Benes）在其《民主政治的現在與將來》一書中說道：「就任何種專制主義說，人類生命是基於鬥爭——個人間的鬥爭、階級間的鬥爭，國家與民族間的鬥爭。」

第二、無產階級專政說。這顯然是根據第一點發展出來。馬克思在《哥德綱領批判》中說：「資本主義與共產主義社會之間有一個從前者變為後者的革命過渡時期。一個政治的過渡階級是與這個時期相符合的；而這時候的國家，除了革命的無產階級專政之外，便不許有別的形式。」這一理論經過列寧、史大林的補充，遂成為一種冠冕堂皇的極權學說。

第三、唯物史觀。我們在前一章中已追溯了唯物論的一般背景，這裡我要特別指出唯物史觀如何有助於極權制度的建立。如果共產黨的鬥爭與專政真的是為了無產階級的福利，那麼，即使它的方法錯誤，對象太狹，依然是無可厚非的。然而事實告訴我們，唯物主義者的共產黨人並沒有把工人當作人，恰恰相反，他們認為無產階級祇是「生產力」的一部分而已。馬克思在《政治經濟學批判》的序言上，曾這樣闡釋著唯物史觀的觀念：「人們在其所進行的生產中相互發生了一定的關係，此種關係是必然的，而且是不依靠於他們的意志的；這種關係是和物質生產力的發展的一定階段相適應的。這種生產關係的總和就成為社會的經濟結構——這經濟結構是真正的基礎，在這種基礎之上，產生了社會意識形態的法律形式和政治形式。」

物質生活中的生產方式決定了人類生活中社會、政治、精神等過程的一般性質。不是人的意識決定人的社會存在，而是反過來，人的社會存在決定人的意識。接著，他又敘述如何生產方式的變動，會引起一切上層建築的變動。馬克思因此得出結論，認為歷史的演進完全是這種物質條件的必然變化，在此演進的過程中，人是絲毫沒有作用的。其實，黑格爾早就認為個人是實現歷史理想的手段，馬克思不過是套取了他的歷史公式而已。這種以個人為工具的思想，正是極權主義的最好基礎。無論是共產主義的蘇俄、法西斯主義的義大利或納粹主義的德國，在這一點上都是一致的；所不同的祇是群體的對象，在蘇俄為無產階級，在德、義兩國為國家或民族。而且這種不同還祇是表面上的，實質都是一回事——一黨專政。

在這裡，我僅指出馬克思主義中最重要的三大極權支柱，但我並不是說馬克思的其他理論是民主的，前面已說過整個馬克思主義便是集極權主義之大成。馬克思主義基本是徹底極權化了，然而在程度上，它並未達最高峰。正如民主主義之永遠不能達到最高境界一樣，極權主義也是永遠無止境的。因此，馬克思以後，極權主義還有著重要的進展。

真正把馬克思主義的極權性提高了一步的是列寧。列寧不僅是一個實際的革命領袖，他在理論上也有很高的成就。他所寫的幾本書如：《唯物論與經驗批判論》、《帝國主義是資本主義的最高階段》和《俄國資本主義的發展》等都是很有學術價值的著作，遠非不學無術、徒擅陰謀的史大林所可比擬。

首先，列寧更進一步地系統化了馬克思的無產階級專政論和暴力革命論。他認為：「一切革命的根本問題，就是政權的問題。」如何解決這一問題呢？他直截了當地指出：「不經強力的革命，不破毀統治階級所造成的國家機器，則被壓迫階級的解放是不可能的。」但是，列寧深知人類有愛好自由的天性，這絕非政治力量所可以征服的。他稱這種愛好自由的天性為「小生產的力量」，此一力量及其所造成的社會習慣，在「階級消滅」（即共產黨當權）後相當長的時期內，還無法肅清，而且此一力量最後還不免要「以多倍的毅力、瘋狂的熱情、萬分的仇恨起來戰鬥，為恢復他們失去的天國」。

根據這個理由，列寧堅持要更嚴厲地鞏固無產階級專政。列寧的功勞是把無產階級專政和階級鬥爭二者連成了一體，他說：「無產階級專政不是階級鬥爭的終結；它是鬥爭在新形式之下的繼續。無產階級專政是無產階級（在獲得勝利，爭取政權以後）對於資產階級的階級鬥爭，資產階級雖已被打敗，但沒有消滅，它依舊存在，依舊能夠反抗。」

其次，是列寧於加強了無產階級專政的一般原則之後，還進而發展出一黨專政的理論。馬克思在《共產黨宣言》中曾說過：「共產黨人並不是與其他工人政黨對立的特別政黨。」可見他並不認為，在無產階級專政的制度下便不再容許其他政黨的存在。雖然列寧在理論上也不贊成用「無產階級政黨的專政」來代替「無產階級專政」；然而事實上他心目中的政黨卻具有至高無上的權力。「沒有一個在鬥爭中鍛鍊出來的黨，沒有一個能得工人階級全體勇往直前的分子的信任的黨，沒有一個能夠熟知並影響群眾心理的黨，那麼鬥爭的勝利是不可能的。」黨的必要性既然如此，它的作用究竟如何呢？「無產階級政權機關，整個看來，它的形式並不是屬於黨的；不過經過它……在黨的領導之下，可以實現一個階級的專政。」看了這幾段話，我們實在想不出「無產階級專政」與「黨專政」之間還會有什麼距離！一個熟悉於英、美民主政黨的人，在聽到「政黨」一詞以後，一定會聯想到「政黨政治」的概念；甚至以為政黨政治一定是民主的。其實，自共產黨產生以後，世界上便具有兩種性質截然不同的政黨——民主政黨與極權政黨。前者可以英、美的政黨為代表，後者則可以共產黨、納粹黨、法西斯黨為模範。而創造這種極權政黨的始祖便是列寧。列寧認為無產階級的黨必須有鐵的嚴格紀律，「誰要是一絲一毫的減弱無產階級政黨的鐵的紀律（特別是在無產階級專政期間），誰就是實際上幫助資產階級，反對無產階級」。

以上兩點是列寧對極權主義的新發展；史大林後來雖又把黨的專政縮小為少數領袖（政治局委員），甚至他一個人的專政，但那祇是事實上的必然歸趨，而非理論上的新建樹，所以沒有研討的價值。

五

我們追溯了從社會主義到共產主義的整個歷史過程，顯然已可看清極權主義是如何一步一步地成長起來的。烏托邦社會主義最初確涵攝了不少人文主義與民主主義的精神，但隨著歷史的演進，這種精神逐漸地減少。而另一方面，它的極權成分卻日益增多；到了一八四八年，近代極權主義的體系便全部建立起來了。

誠然，我們不能否認烏托邦社會主義者（即所謂民主社會主義者）的人道主義精神是值得敬佩的，但客觀的史實很清楚地告訴了我們；烏托邦社會主義卻正是極權主義的先導；它一步步地逼使社會主義最後不得不走上極權的道路。我在上面已一一指出烏托邦社會主義者（從摩爾到衛德林）思想中的極權因素。馬克思的共產主義並不是一蹴而幾的，其中每一部分幾乎都是前人所已發明了的，馬氏的真正功績實在綜合，而不在創造——至少也應該說是創造的部分少而綜合的成分多。

我曾經把早期的民主社會主義和後期的極權共產主義的差異歸納成三大項：一、前者主張社會全體福利，其反對的對象祇限於極少資產貴族；而後者卻從一個階級的利益出發，最後竟縮小到黨的利益。二、前者具有人文主義精神，認為社會主義是人類理性的最高成果，含有正義與道德的意味，而後者則從唯物史觀出發，認為社會主義祇是生產工具變革的必然結果。並且，在此一基本差異中，前者的社會觀是愛，而後者則是恨。三、在實踐方法上，前者是民主的、人道的和漸進的；後者則是專制的、殘酷的和流血鬥爭的。（請參看拙著：《民主革命論》中「社會主義革命的演變」一章。）

在本章中，我祇能根據史實來敘述社會主義的演進真相，及其前後的差異何在。至於純理論的探討和批判則無法涉及。如果讀者有興趣研討此一問題，祇要細心觀察本章的一切環節（烏托邦社會主義發展到極權共產主義的環節），然後再做一番深入的思考，我相信也就會瞭解不少了。

第九章

極權制度的起源及其建立
——從雅各賓專政到極權國家的出現

一

上一章我們所討論的是極權主義在理論體系上的成長，關於極權運動以及極權制度之建立，我們尚沒有涉及。這便是本章所要探究的課題。

如果撇開理想部分不談，僅以行動為標準，那麼早在十六世紀，加爾文在瑞士所設立的「宗教法庭」，及其對犯人的殘酷懲罰等等做法也不妨歸之於極權的一類。宗教法庭事實上便是一種教會的警察機構，有權逮捕任何違反了加爾文主義的行為標準的男女老幼。根據現存的宗教法庭的紀錄，兒童不敬父母者即遭鞭打，成人如褻瀆上帝更要受到嚴厲制裁。甚至跳舞、賭博、唱下流歌曲也要被處以監禁的懲罰。情形更嚴重的還難逃殺頭或燒死的極刑。宗教權力可以被濫用到如此地步真是歷史上不可解的怪事。

但是，我在這裡還不願意把它當作近代極權制度的起源，因為它畢竟是宗教性而非政治性的。近代極權制度的真正開端，其實應該是法國大革命中雅各賓黨人（Jacobins）的專政。關於極權主義的源流，最近達羅芒教授（J. L. Talmon）曾寫過一本極具權威性的著作：《極權民主的起源》（*The Origins of Totalitarian Democracy*）。達氏該書從法國大革命的一般思潮開始，一直寫到中共政權的建立（按：該書尚未完卷）。不過有一點應該瞭解，所謂「極權民主」實際上便是共產黨人的「民主專政」，達氏祇是借用共產黨人的名詞，並不是把它當作民主的一種形態。

但是雅各賓黨人的專政，在本質上仍與蘇俄的專政有不同之處，這一點達氏卻沒有弄清楚，他僅從形式上肯定了二者的一致性。這種不同是什麼呢？羅素氏說得很對，他認為前者是以個人為「倫理單位」，從人權的信仰著眼的，而後者卻強調階級，以集體來代替個體。因此，前者依然涵攝著高度的民主精神，後者則是徹頭徹底地反民主的。

除了雅各賓黨的專政在促成極權制度的建立上起了示範的作用外，一八七一年法國的巴黎公社革命，也無疑是極權運動的先驅。共產黨人曾一再承認巴黎公社是後來蘇聯政權的萌芽。現在我們便要追溯極權運動演進的歷史。

二

我們在第五章中已簡要地敘述了法國大革命對民主政治的貢獻。這裡我要特別提出法國革命過程中近似蘇俄「十月革命」的那一個階段：雅各賓的專政時期，也就是達羅芒所指的近代「極權民主」萌芽的一段歷史。

法國這一幕極權恐怖的悲劇之演出，最初不能不歸咎於外國反動王朝的武裝干涉。一七九二年七月，普魯士與奧地利兩國聯軍統帥布倫斯威克公開宣布要恢復波旁王朝的統治，並恫嚇法國人民和軍隊不得抵抗，否則必處以極刑。這一來激起法國革命分子的憤怒，八月間巴黎便澎湃暴動的怒潮，革命領袖之一的丹頓遂乘機躍登獨裁者的寶庭。他大聲疾呼道：「我認為要藉恐嚇王室人士以阻止敵人的進軍！勇敢、勇敢、更勇敢！」九月，凡爾登陷落的消息傳來，巴黎遂開始了大屠殺。被屠殺者不僅是王室分子，祇要有同情王室的嫌疑的人，不分階級、性別、年齡，一律予以處死。數日之內死者達一兩千人之多，這是歷史上著名的「九月屠殺」。

這一段混亂的無政府狀況不久即成過去，接著便開始了三年（從一七九二年九月到一七九五年十月）的國民會議時期。國民會議中顯然分成了兩大對立的政黨，一邊是激進的雅各賓黨（亦稱山嶽派），以丹頓、羅布斯比、卡諾諸人為領袖，另一方面是溫和的吉朗底黨（亦稱平原派）。這兩派的主要爭端所在是手段而不是目的。前者認為戰爭第一，為了勝利必須使用殘暴的手段，暫時犧牲個人的自由與權利；後者的持論則恰恰與此相反，他們堅持民主的原則不容遭受損失。但終因前者大權在握，專制恐怖的局面的形成終於無法挽救。法王路易十六便是這一情勢下的犧牲者。

到了次年六月，外國侵略的威脅又再度到來，兩黨的爭執亦隨之復起。專制的雅各賓黨以殘酷的手段解決了吉朗底黨。於是，法國便進入了一黨專政的新階段——歷史家稱之為「長期恐怖統治」，以區別於丹頓在一七九二年八、九月間所實行的「短期恐怖統治」。但短期恐怖統治一則為時甚短，一則未經制度化，故為害尚淺。長期恐怖統治卻不然，它已發展成一套專制恐怖的制度。早在吉朗底黨未被消滅前，雅各賓黨人已建立了一個公共安全委員會。這一委員會係由十二個委員組成，具有無限制的權力。委員會下面又分成兩大執行機構，一是普遍保障委員會，一是革命法庭。前者被賦予警察權力，維持全國秩序；後者則有權審訊並懲罰任何有反政府嫌疑的分子。此外，國民會議又頒布一項《嫌疑分子條例》；根據此項條例，任何貴族出身，革命前任公職，與逃亡貴族有任何關聯，或無確切的公民證件的人都可以隨時隨地橫遭逮捕。

由於具備了這種種專制制度，法國革命已走上與它原來所標榜的「自由、平等、博愛」的理想相反的道路了。據史家統計，長期恐怖統治中，巴黎曾有五千人以上死於斷頭臺。而且遭殃者並不祇是反動分子，早期許多重要的革命領袖也包括在內，羅蘭夫人便是其中最著名的一個。巴黎的恐怖氣氛不旋踵即傳布到法國各地。地方性的專制恐怖制度也逐一建立了起來。里昂城便因反抗政府而幾成一片廢墟，數百人遭到屠殺。各省死亡的總數大約也在一萬五千人以上。

恐怖、殘殺到此並未止步，激進分子之間也發生了派系鬥爭。最激進的赫伯特派（Hébertists，相當於今日的共產黨）之興起，使大獨裁者羅布斯比也為之震驚。一七九四年三月，羅氏乃通過革命法庭將此派重要領袖送上了斷頭臺。繼之，曾經一度是恐怖統治的首領的丹頓及其擁護者，也終不能獲得他的老友——羅布斯比的寬恕，而成了專制恐怖的犧牲者。至此，羅氏的個人專制已穩固地建立起來了。一七九四年的六、七月間是恐怖統治的最高潮。羅氏又頒布了新的法律，加強革命法庭的專橫權力；遭難的人數也因而徒增。但是，法國革命畢竟還撒播了無數自由與民主的種子，這些種子的發芽滋長，最後絕不容許此種專制恐怖的制度持續下去。於是，是年七月，大獨裁者羅布斯比及其黨徒們也遭到了和羅蘭夫人、丹頓等同樣的命運。而法國的專制恐怖統治也隨之終結了。

法國這一「極權民主」的歷史悲劇，的確和蘇俄的極權運動如出一轍；所不同者，前者的基礎未及穩固即被國人推翻，故為禍尚不算太烈；而後者卻因國際與國內種種優越的客觀條件，卒能變本加厲，蔓延到半個世界，使近代文明遭受致命的打擊。讀史至此，實不能不令人為之掩卷嘆息！

三

雅各賓「極權民主」後七十餘年，多難的法國又產生了第二次極權制度的試驗，那便是一八七一年的「巴黎公社」。但雅各賓專政與巴黎公社革命卻有基本的差異——時代背景之不同。法國大革命正處在近代民主主義氣焰萬丈的時代；自由、平等、博愛的理想是所有中下層人民所共同嚮往的目標。因此，儘管激進勢力曾一度當權，溫和民主的力量依然潛伏在每一個角落。羅布斯比死後，此一制度也就隨之而去；它在國內並沒有留下很深的影響，在國外也沒有引起他人的仿效。巴黎公社的革命發生於十九世紀下葉。那時，社會主義已發展成熟，歐洲共產黨業已形成，馬克思諸人所領導第一國際也已建立了數年之久（一八六四）；一句話，極權主義的基礎已經舖好了。但幸而法國是一個民主主義具有深厚傳統的國家，巴黎公社也祇存在了一個極短促的時間而終歸煙消雲散，最後第三共和建立，奠定了民主政治的基礎。

正如雅各賓專政是導源於外國的侵略一樣，巴黎公社的形成也是起於德軍之圍困巴黎。公社的中央委員會包括著工人、社會主義者，和若干無政府主義者；另外還有一個中產階級、共和黨人的中央委員會。顯然，這一集團的內部是不太和諧的，但他們卻有著共同的目標。說到這裡，我們不能不對當時法國的一般局勢加以說明。一八七〇年，拿破崙第三的軍隊在色丹被德軍擊敗後，第二帝國接著便陷於無法挽救的覆亡命運。是年九月法國共和派人在甘必達領導下組成了臨時政府，這已是第三共和的開端。但這時戰爭並未終結，法人因大敵當前不能不團結禦侮，於是許多王黨分子與保守黨人士也參加了共和派和激進派的行列，共同主持臨時政府。一八七一年一月，巴黎迫而向德國投降，在休戰協定中，德國同意讓法國人民選舉國民大會，以決定和戰。二月間第三共和遂展開了第一次男子普選，結果選出了六百五十名代表。但代表中王黨分子竟占四百人之多，而共和派僅占二百人。這樣，國民大會中便發生了深刻的裂痕。王黨分子在原則上是贊成向德國妥協的，而共和派則堅持要戰鬥到底。現在王黨代表在大會中既占壓倒的優勢，他們便可以為所欲為了。他們首先把國民大會遷到凡爾賽，然後通過大會，批准了《福蘭克甫條約》，除割讓阿爾色司和勞運兩省外，還賠償了德國一大筆戰爭費。

這樣一種喪權辱國的措施，激起法國共和與激進派的普遍憤怒，巴黎公社便是在這種特殊情況下產生的。因此，在反對王黨分子及國民大會的問題上，共和派也願意暫時和這些激進分子攜手。但前者祇想通過溫和手段來改良現狀，後者卻別有用心，企圖乘機用暴力奪取政權。最後，巴黎公社中的激進分子終於領導起對國民大會的叛亂，宣布巴黎自治；同時，並號召其他地區激進分子組織同樣的公社，以與中央聯成一體。里昂、馬賽，以及若干其他城市先後都有公社組織的建立。這種公社完全是靠暴力與恐怖來維持的，其專制程度之高祇有後來俄國的蘇維埃組織可以與之比擬。它在政治組織上採取了集權的制度，否定行政與立法分權的民主原則，這正是蘇維埃組織所沿襲的辦法。為了鎮壓巴黎內部的反對分子，它復仿效雅各賓黨人的手段，設立公安委員會，以恐怖與流血來消滅異己。但這時的法國由於久經戰亂，除了少數狂熱的激進分子和一部分城市無產階級外，大多數人民消弭內亂的心，比結束國外戰爭的意念還要來得迫切。他們一致支持國民大會以武力鎮壓此一暴力集團。里昂、馬賽各地的公社最先被消滅，一八七一年的四、五兩月，法軍圍困巴黎，遂與巴黎公社展開了殘酷的戰鬥。在圍城的兩個月中，激進分子充分地表現了一般共產黨人的高度狂熱病與殘酷性。在眾寡懸殊的情勢下，巴黎公社的防衛一步步地被擊破，在巴黎將要完全陷落之際，他們便在城內展開了殺人放火的勾當，許多原來未及逃走的人士如巴黎大主教一齊被他們屠殺了，而若干公共建築物如市政府、巴黎皇宮也都成了一片瓦礫。這種殘殺很自然地激起了攻城法軍的強烈報復。雙方相激相盪的結果，巴黎遂成了一個空前殘酷的大屠場。亂定之後，許多未能逃走的叛黨分子，經過審判後都被流配到南美的基阿那去了。

巴黎公社的極權暴動，雖然祇存在了一個極短促的時間，在法國卻具有極重要的後果：它大大地削弱了極端激進主義的聲勢。一方面，中上層階級與農民對共產主義、無政府主義種種極權運動的恐懼心理因此加深；另一方面工人階級中許多暴力革命的煽動者，也因流配與死刑的懲罰而消聲匿跡。王黨分子在鎮壓公社暴動中固然博得人們的喝采，然而，他們事後對激進分子的過度迫害也同樣引起了人民的憎惡。法國終於走上了溫和的民主共和主義之路；第三共和也穩定地成長起來了。

我已指出，法國能一再倖免於極權暴政的威脅，得歸功於它的民主傳統。但巴黎公社的暴動發生於共產國際成立之後，而且又和馬克思諸人有著密切的聯繫，因此，它對國內的影響固然很小，可是其國際意義卻非常重大。四十年後，這一點極權暴政的火種，終於在專制主義大本營的俄國燎起了一片熊熊烈火。這場威脅著整個近代文明的生存的火災目前不僅沒有熄滅，而且正在方興未艾之際；人類的智慧究竟能不能將近代文明從火窟中拯救出來呢？這正是我們研究歷史的最大目的。

四

誠然，今日的蘇俄極權制度確有其時代的背景，就其實際表現說，它也毫無問題是工業革命以後極權思潮的最高成果。但是它的歷史傳統顯然也不容我們忽視；如果我們不能在它的特殊文化中尋出極權主義的根據，那麼我們還是無法瞭解何以近代第一個極權政權單單會出現並存在於俄國，而不是其他國家。

我們知道俄國是歐洲的最落後國家之一，十五世紀中葉，它才推翻了蒙古蠻族的統治，而建立起沙皇政權。這一政權一方面接受了蠻族的專制傳統，另一方面又處在與波蘭、瑞典、土耳其諸國彼此鬥爭的國際環境中。因此，它的文化傳統中確早已含有專制侵略的因素。這種因素恰恰吻合了共產主義中專政與鬥爭的理論；再加上第一次世界大戰的外在條件，最後遂自然地產生了一九一七年的「十月革命」，極權政權因此建立。這一政權誕生之初，由於力量太薄弱，基礎未鞏固，所以在一九三九年以前一直偽裝為愛好和平的國家；而不少人也確一度對「新俄」抱著絕大的幻想。（中國人士多有此幻想，胡適之氏即曾撰文敘述他對蘇俄看法的轉變；而孫中山先生的「聯俄容共」政策更是這一幻想的具體化，結果極權主義的洪流也沖垮了中國。）但是一九三九年九月的瓜分波蘭，以及第二次大戰以後的擴張侵略勢力，卻把它的真面目暴露無遺。極權蘇俄之繼承沙俄的傳統，至此才為一般人所公認。至於它的專制恐怖政策，自始即為西方若干民主國家引為戒懼，這也無疑與舊沙皇制度有著密切的關聯。明白了這些淺近的史實，對於極權主義何以能在俄國發芽滋長的問題，我們就用不著感到詫異了。

但是俄國也並不是從來沒有接觸過西方民主的國家；相反地，一部分開明的俄國人士早在十九世紀初期便主張模仿西歐的英、法諸國，以建立現代國家。亞力山大一世與二世的早期即有西化傾向；並計劃頒布憲法。一八六一年俄國農奴制的解放，便是亞歷山大二世改革的最高成果。此外，他又改革了司法與行政制度；並在各地設立代表議會 Zemstvo，包括貴族、中產階級與農民等各階層的代表。但此一改革並未能貫徹到底，亞力山大二世末期仍然走回專制的老路。亞力山大三世繼位復積極地實行中央集權，並迫害民主分子。俄國的革命至此實已無可避免。

由於俄國人民對於政府改革的失望，西方民主理想遂一度失勢。十九世紀末葉俄國連續出現了不少專制恐怖的革命團體，如：虛無主義者、無政府主義者、民粹派（民粹派最後頗有民主傾向，後來轉變為一恐怖集團，並刺死了亞歷山大二世）

等好像雨後春筍一般。其中，尤以一八八八年社會民主黨的成立具有重大意義。社會民主黨後來雖分裂為布爾什維克與孟爾什維克兩派，但本質上它已是俄國第一個近代化的極權政黨。

除了上述這些反民主的革命派之外，那時的俄國依然存在著許多具有民主特質的政黨。最著名的有名史家米流可夫領導的立憲民主黨、改良主義的十月黨，以及勞動團、社會革命黨等。俄國不僅有這許多以民主為目標的革命的政黨的存在，而且在推翻沙皇專制制度的過程中，它們還曾一度掌握了革命的領導權。我們都知道，一九一七年俄國連續發生了兩次革命：二月革命和十月革命。前者乃是民主黨派領導下推翻舊專制的民主革命，後者則是布爾什維克黨推翻民主的臨時政府的極權「革命」。

二月革命始於彼得堡工人的大罷工，僅僅經過了幾天的鬥爭，腐敗無能的沙皇便被推翻了。臨時政府成立之後立即宣布結社、言論、信仰的自由；解放了許多政治犯；恢復了芬蘭的完全自治（並且允許波蘭也實行自治）；同時，還宣布於最近將來通過全國成年男子的普選而建立起國民會議，俾決定俄國未來的政體。二月革命成功後，美國最先感到興奮；它認為俄國既已成了民主國家，必然會更有力地加入對德作戰。因為，第一次大戰亦與第二次大戰一樣，除了經濟、政治等等利害因素外，還意味著民主與專制兩大壁壘的鬥爭。威爾遜領導美國加入戰爭後，即宣稱目的在於「造成一個民主不受威脅的世界」。最近捷克的政治理論家貝恩斯也認為，這次戰爭是使歐洲走向民主化的一個決定性運動；故可以稱之為「爭取世界民主的鬥爭」。但當時，俄國臨時政府雖有心繼續作戰，列寧所領導的極權派卻乘機鼓吹和平，並指責大戰為「帝國主義戰爭」，旨在達成奪取政權的陰謀。恰好此時，俄國人民與士兵的厭戰情緒高漲，於是布爾什維克黨一時頗獲得工農階級的同情，勢力愈來愈大。

二月革命剛剛結束之後，列寧便已號召黨徒進行第二次革命。他提出「不給臨時政府以任何援助」、「蘇維埃是革命政府的唯一可能的形式」等等口號，公開表示其反對態度。最後竟使社會民主黨首領普列哈諾夫也不得不斥之為說「夢話」。列寧的分裂政策，使俄國形成了兩個政權並存的局面：一邊是臨時政府，另一邊是蘇維埃。臨時政府在這種內憂外患的重重壓迫下，基礎極其脆弱。終於是年十月，布爾什維克黨人推翻了它，另建立了有史以來最殘暴、最專制的蘇維埃政權。俄國所有的民主幼苗至此遂完全夭折。

蘇俄的極權主義是現代一切極權，甚至一部分專制的國家的模範。它的實際表現究竟如何呢？第一我們應該觀察它的實行手段，其次我們當再研究它的政治與經濟制度。就第一點說，其殘酷恐怖與雅各賓黨及巴黎公社所表現者性質相同而程度過之。革命期間的殘暴行為尚有所藉口；但革命以後此種手段不但未消除，反而變本加厲，則殊令人費解。一九一七年十一月至一九一八年二月這一段期間，是列寧稱之為「用赤衛隊來攻擊資本」的時期，顧名思義我們已不難想像其殘暴的程度。一九一八年的反富農鬥爭，竟至迫使社會革命黨走上了叛亂之途。一九二六年到一九二九年，蘇俄為了要實行其新奴隸式的「集體農場」制，復與廣大農民展開了殘酷的鬥爭，結果死者極多。所以連共黨史也不能不承認，它曾引起了國內階級鬥爭的尖銳化和黨內的鬥爭尖銳化，這一鬥爭最重要的結論：「就是把富農反抗鎮壓下去了，把托（洛斯基）、季（維也夫）投降派的聯盟揭破而暴露它是個反蘇維埃的聯盟，把右傾投降派揭破而暴露他們是富農的代辦，把托洛斯基分子從黨內驅逐出去。」（頁三六七）從這一段話中，我們顯然看得出這一鬥爭是如何的劇烈與殘酷，而其範圍又是如何的廣泛了。

這種殘暴的革命手段並不是一種偶然的現象；相反地，又和雅各賓黨與巴黎公社一樣，恐怖與殘暴是永久地制度化了的。早期的革命法庭查卡（Cheka）於一九二二年廢除了，但次年又建立起一種更嚴密的秘密警察制度，那便是著名的格別烏（GPU）。這兩種組織都有權在「反革命」的嫌疑罪名下，逮捕、監禁、放逐或處死任何人。這真是曠古未聞的人類悲劇。

前面我們已看見過雅各賓黨內自相殘殺的現象，蘇俄的極權政黨也自始即存在著此種黨爭的特徵。早期社會民主黨時代布爾什維克與孟爾什維克之爭，後期史大林派與托洛斯基派之爭，祇不過是其犖犖大者而已。實際上，共產黨內的清算與鬥爭是從來沒有停止過的。

就第二點說，我在這裡不能詳盡地敘述蘇俄的政治與經濟的精密結構，我祇想指出構成此一極權制度的一般原則。在原則上一切極權制度（包括法西斯與納粹）是權力的絕對集中。過去舊專制主義的時代，權力也是集中的，但卻非絕對的。那就是說，至少政治、經濟、文化等等權力是各自獨立的，儘管它們之間也有著相互的影響。掌揮政權的人無法絕對地控制著經濟權力（如中古國王之於封建領主），在經濟上居於統治地位的階層也不能任意左右政治（如近代資本家之於民主制度）；至於文化方面，祇有中古的教會曾經形成一種專制的權威，文藝復興以後學校獲得獨立性，這種權威也就不再存在了。蘇俄共產黨之根據馬克思的一元論唯物史觀，把社會上一切分散的權力集中成一種至高無上的絕對權力。政治上，除了高度中央集權外，中央政府的權力卻操之於一黨，而黨的領導權又復在少數甚至一個領袖的控制之下。經濟上，它則以國有化的原則壟斷所有財產，個人除了每日的飯票外，便別無所有（但實際上蘇俄的統治階層卻有私產）。在此原則之下，工業固然由政府經營；商業、農業亦莫不盡歸公有，掌握著前者的是國家合作社，支配後者的則是集體農場。尤其令人驚異的是，它在文化教育方面的絕對控制：一切學術思想都得以一種御定教條為依歸，雖自然科學亦在所不免；教育方面則實行嚴厲的「施教」（indoctrination）制度，使兒童自始便沒有選擇其他思想的機會。

這樣一種絕對的集權制度，人民又沒有任何方法可以左右它，試問如何會成為一種「新民主」的力量，並為人民謀取福利呢？如果我們一定要說它具有民主的性質，那便必須有一個假定：整個統治階級都是最善良而又最有智慧的聖賢（事實上共產黨人確如此自詡）。果若如此，我們又還有什麼理由去指斥中國傳統政治理論中的「聖君賢相」，西方專制君主的「朕即國家」、「君權神授」，或柏拉圖的「哲王」（philosopher-king）呢？

蘇俄極權制度建立了五年之後，文藝復興的發源地——義大利也捲入了極權的洪流；又十一年，宗教革命的大本營——德國更成了極權主義的最強大的支柱；這便是右翼極權主義（法西斯與納粹）。

右翼極權主義與左翼極權主義並不是基於同樣的理論根據；但在實踐上它們之間卻毫無異趣。而且，它們持論的內容雖有不同，持論的方式依然一致。它們同是集體主義的，所不同者，一個講階級，一個講民族而已。因此，我不打算在此再費筆墨來討論這些。右翼極權在理論儘管別樹一幟，它的制度之直接承襲蘇俄而來，則是不容否認的事實。所以哈耶克（Friedrich Hayek）教授認為，德、義兩國的社會主義運動已為納粹與法西斯政權開好了道路。現在我們先說義大利。

五

義大利國內政局的動盪不安，最初是起於它在外交上的種種失敗。尤以第一次大戰結束後，義國代表在巴黎和會中竟毫無所獲，全國引為奇恥大辱。國內則工商業呈無政府狀態、通貨膨脹、失業者與日俱增。這種環境最適於激進的革命黨派的成長。在蘇俄指導下的社會主義者與共產黨人遂乘機進行暴動；一九一九年秋，他們煽動農民反抗地主，又占領工廠，大有建立蘇維埃式的政權的趨勢。儘管義大利人民希望現狀有所改變，但他們對極權暴動卻甚為憎惡。一般人在潛意識中，都希望能產生一個強有力的政府來使國家走上安定之路。在這種普遍要求之下，無形中就給墨索里尼的法西斯黨造成了一種機會。

墨索里尼原是一個激進的社會主義者，最初還在共產黨的機關報中擔任過編輯；後來因為言論不符合共產黨人的路線而被逐出。

第一次大戰結束後，他開始組織了法西斯黨（一九一九）。由於他的強烈的國家主義意識頗為愛國人士所賞識，而他之堅決反對共產黨人的態度又獲得國內工商業人士的支持，故勢力日益增展。當時義大利的民主分子，則因被國人懷疑與共黨暴動有關，而無法抬頭。加以早期義大利國會中的多黨政治表現得非常紊亂而脆弱，復予人以民主為無效率的印象。於是，法西斯黨看來便像是唯一可以使義大利復興的政黨。具有這種種有利條件，法西斯黨遂於一九二二年十月向羅馬進軍，政府曾一度予以抵抗，但最後國王愛末虞為了避免內戰，不得已請墨索里尼出而組織新閣，這便開始了法西斯極權主義的統治。

墨索里尼登臺之後，旋即展開了政府與國會的極權化。他首先將一切反對分子驅出政府；而國會則成了他的御用工具。一九二四年的操縱選舉的結果，法西斯黨遂完全控制了立法，接著便通過了一連串的法案：禁止罷工、統制言論、解散一切其他政黨、逮捕反政府分子，並加強中央集權。原來義大利所存在的一些零星的民主體制至此遂完全根絕了。

在政治結構上，法西斯政權亦與蘇俄一樣，是金字塔式的；塔的頂端是唯一的「領袖」（Il Duce）——墨索里尼。墨氏一方面是黨的領袖——法西斯黨委員會議主席，另一方面則是政府中的獨裁者——首相。一句話，黨與政府是一而二、二而一的絕對結合體。這種統治形態顯然是從蘇俄抄襲來的。

右翼極權的另一個重要國家是納粹德國。德國是第一次大戰中的戰敗國，《凡爾賽條約》的簽訂使德國人民普遍地感到一種民族恥辱。那時的德國雖然已由專制的帝國一變而為民主共和國，同時還有著一種具有高度民主性的威瑪憲法；然而這一民主政體的存在，卻非出自德國人民的自我要求，而毋寧是戰勝的協約國所強迫建立的。因此，人民對之不但沒有任何熱愛，反而因它的脆弱無力，招致了廣泛的憎惡。

當時德國有兩大勢力在激盪：一是左派的共產主義，一是右派的國家主義。這兩派勢力除了共同反對威瑪共和國外，彼此之間也是水火不相容的死敵。希特勒的納粹黨則是後起之秀；它一方面承襲了共產黨的某些因素；另一方面又具有狂熱的國家主義情緒。所以，他把該黨定名為國家社會主義黨，納粹（NAZI）便是這一名詞的縮寫。

一九二三年正是德國戰後最黑暗的日子，經濟危機達到最高峰；納粹黨在希特勒領導下曾發動了一次暴動，但結果沒有成功，希氏並被捕入獄。但是到了一九二九年，世界經濟大恐慌發生，納粹黨的勢力竟乘機在德國獲得了巨大的進展。因此，一九三二年國會選舉時，納粹黨所獲得的代表席位竟比任何其他政黨都多，它在德國政治上的基礎至此已完全奠定了。

當時德國人民由於無法忍受通貨膨脹、失業等等痛苦，而且對於德國戰後所遭受的恥辱又時刻難忘，他們所希望的已祇是如何復興富強德國的問題，而不是政體選擇的問題了。在此情形之下，年邁的興登堡總統於布魯寧、巴本、施萊轍諸人的內閣相繼失敗後，不得已遂邀請希特勒擔任組閣（一九三三）。希氏上臺之後，立刻展開其種種極權活動；首先宣告了威瑪共和國的終結，繼之迫害一切異己，大量逮捕共產黨人、社會主義者和猶太人。其迫害狂的程度，實祇有一九一七年的蘇俄才可與之比擬。

也和蘇俄和法西斯的義國一樣，希氏解散了納粹以外的一切政黨，把一切權力都集中在一己之手。過去所殘存的一些個人自由至此遂被一掃而光。一九三四年納粹復來了一次大整肅，同時建立起極其嚴密的秘密警察制度（Gestapo）。為了挽救經濟危機，希特勒且於一九三六年展開了一個四年計劃。這種種做法顯然都是蘇俄極權制度的直接翻版。

六

我們將近代極權制度做了一番縱的追溯與橫的檢討之後，對於極權主義的大勢應該有個普遍瞭解了。一般地說，第二次大戰前左右極權主義的氣焰達到了空前未有的高漲程度；極權的威脅幾乎籠罩著每一個國家。歐洲方面，西班牙、奧國、希臘、阿爾巴尼亞、保加利亞、波蘭諸國都先後自動或被動地建立了極權（左或右）政權。東方的日本與中國，當時也瀰漫在濃厚的極權氣氛之中。歐洲祇有英、法、比利時、荷蘭、瑞士、瑞典、挪威、丹麥諸國尚保持著民主制度，而其內部也存在著嚴重的極權威脅。民主主義處在左右兩大極權制度的夾攻之下，確使一般人對之失去了堅定的信念。第二次大戰結束後，右派極權主義已完全消逝，左派極權主義的勢力雖擴展到半個世界，但整個看來，對民主是有利的。為什麼呢？最重要的是混亂局面澄清了，人們的認識也逐漸趨於正確了，民主與極權已經壁壘分明，分明到誰都看得清的程度。過去除了民主與左右極權主義的鬥爭外，還夾雜著極權主義者的彼此火拚，是非黑白不容易看得清楚。而目前的問題，則已集中到思想與信仰的鬥爭（ideological war）上來了。說到這裡，我想順便解釋一下極權主義的內鬨問題。左右極權主義既然在本質上是一回事，何以彼此之間又會如此的敵對呢？其實，解答這個問題根本用不著什麼理論根據；極權主義者既然是以無限地壟斷一切權力為最後目的，那麼，它們除了隸屬關係之外還能保持其他的關係麼？過去德、義、日的軸心同盟祇是利害上的暫時結合；事過境遷，如果它們之間不能產生一個最高領導者，則最後也必然要走上內鬨之路。今天的共產世界，便是靠一種隸屬關係來維繫著的；除蘇俄本身外，任何共產國家倘要保持其國家的獨立與平等地位，則勢不能不與蘇俄破裂，南斯拉夫的轉向便最足以助證這種道理。明乎此，我們更可以進而瞭解：帝國主義（壟斷資本主義）階段的經濟關係，何以構成極權主義的時代背景了。

最後還有一點應該指出：極權主義的思想雖非專制主義的直接延續，但極權制度的建立卻顯然與舊專制傳統有密切的關聯。蘇俄與沙皇制度的關係前面已經說過了。希特勒掌握政權之後，改威瑪共和國為「第三德意志帝國」，其繼承專制傳統的意義尤為明顯。共產主義何以特別容易在工業不發達的落後國家獲得存在與發展的機會呢？還不是因為有著傳統的專制廢墟作基礎的緣故嗎？

第十章

近代文明的新趨勢——十九世紀以來的民主發展

一

迄現在止，在整個下篇中，我們所討論的都是關於極權思想與制度的起源、成長，以及其建立諸問題。讀者們也許會誤解，以為自從十九世紀以後，民主主義便一蹶不振，近代文明已根本走上了極權主義的方向。我不希望這本書會引起恰恰和我的願望相反的瞭解；事實上，我祇是很客觀地、同時也是很嚴肅地指出：十九世紀中葉以後，近代民主主義已開始面臨著一個新的嚴重的歷史挑戰——極權主義的挑戰。在打擊舊專制主義的方面，近代民主可以說是全部勝利了。但由於民主主義最初未能預防近代經濟制度所造成的弊病，終於促成了極權主義的發芽滋長；而且，在極權主義挑戰的初期，它又未能對之做適當的反應。於是，到了二十世紀，這一點病症遂致擴大到了威脅民主存在的程度。

究竟民主主義是不是正如共產黨人所誣蔑的，乃是資產階級的獨占品呢？事實是最好的證明，我仍願就歷史發展的真相來解答這個問題。一般地說，十九世紀中葉以後，民主在聲勢上雖已不如極權主義顯赫，然而，它的堅定而實質的進展卻絕不容我們抹殺。由於受到極權主義的挑戰，民主主義的發展，便逐漸從政治範疇內推廣到社會與經濟的園地中；但政治民主在十九世紀中的普遍進展，卻仍不失為近代文明的重要內容，因此我們也不能不對之有所論列。

我承認十九世紀中葉以後，民主主義的確是從政治方面向社會其他方面躍進了，但並沒有忘記：民主主義自始便是一個全面性的事體。初期自由文化、自由經濟，以及平等社會的運動已經告訴我民主的內涵是如何的豐富，固非僅止於政治制度這一方面。事實上，後期民主所面臨的並不是舊困難的繼續，而是新情勢的產生。工業革命給近代社會帶來了經濟與社會方面的危機，這些危機逼使民主主義不能不開拓新的方向、增添的內容。

二

十九世紀初年，由於拿破崙專制侵略的結果，歐洲又一度回到了專制主義的手中。拿氏雖然否定了法國革命所產生的民主體制，但他的侵略軍隊卻把「自由、平等、博愛」的口號傳遍了歐洲大陸的一切角落。因此一八一四至一八一五年的維也納會議，也不敢冒天下之大不韙，推翻法國革命的全部成果。其後在歐洲各國的憲法中，民主原則確已獲得相當程度的接受。由此可見，專制主義的復辟祇是表面上的，實則民主主義已深入一般人民的心坎，絕不是政治力量所能夠驅除清淨的。十九世紀上半葉，政治民主的要求極為普遍：上層階級認為民主的代議制可以避免流血暴動，中下層階級則堅信唯有選舉制度才可以保障他們的自由權利。但維也納會議時代，議會制度並未流行，法國的議會剛在萌芽期間，奧大利、普魯士與義大利還沒有建立起來，祇有英國與瑞士具有民主的議會制度。此外，日耳曼南部尚有若干小國試行選舉制度。在此時期內，民主的追求是環繞著個人自由這一中心原則而進行的。人們堅決反對藉增進公共福利的理由，而剝奪個人的權利與自由。

十九世紀中葉，歐洲大陸與英國起了一種新自由主義。這種新自由主義導源於兩方面：一是十八世紀以來的開明的政治理論，此一理論早經洛克、伏爾泰、盧梭、狄德羅、邊沁和傑弗遜諸人一再宣揚；反覆具現於美國的《獨立宣言》和法國《人權宣言》之中。另一則是發源於英國的工業革命；工業革命帶來了一批有錢有勢的中產階級，他們逐漸地要在政治上抬頭，在經濟上獲得絕對的支配地位，因此也對民主主義起了一番衝激作用。新自由主義大體上依然是傳統民主的延長：在文化上它維護思想自由的原則，提倡自然科學與工業技術；在經濟上它代表個人主義、職業自由、貿易自由，和無限制的企業競爭；在政治上，它認為理想的國家祇應盡維持秩序、保護私產、振興教育等等責任，而不得干涉個體的自由。

很顯然地，新自由主義在文化與政治上的理論並無嚴重錯誤，可是，它經濟方面的主張卻不能不受到相當的限制。資本家利益迅速增長的結果，勞工生活則每下愈況。最後，終於促成了勞工運動的興起。

三

新自由主義的實際表現如何呢？這是我們所關心的事。這裡，我要特別提出英國在十九世紀的政治與社會改革敘一敘。

英國自光榮革命以後，憲政的基礎確已奠定，但政府中的貴族氣氛卻依然很濃厚。早在美國獨立革命前後，英國的王權黨（後來的保守黨）和民權黨（後來的自由黨）的領袖們便已討論如何進行國會改革：擴大選舉權並使新興的工廠城市在議院中獲得代表席位。旋因法國革命爆發，此種議論遂暫時消歇。一八一五年以後，由於激進分子如邊沁、柯伯特（Cobbett）、穆勒（James Mill）諸人的倡導，改革之說又甚囂塵上。這一運動立刻獲得民權黨的熱烈支持，一八一九年羅素勳爵（Lord John Russell）即建議給予新興的工業階級以選舉權；次年，民權黨領袖格雷（Earl Grey）遂正式採取了溫和改革的黨綱。這時，王權黨雖常在原則上反對改革，但在它執政期間，也有若干重要的民主措施與政策；如：一八二八年的廢除不從國教分子的權利限制、一八二九年解放天主教徒，以及減低關稅，承認拉丁美洲的幾個革命政權等。

一八三〇年民權黨格雷組閣，即提出了改革法案，經過幾度波折，直延到一八三二年才獲得通過。法案中包括兩大要點：一、議席重新分配；二、選舉制度更趨劃一。經過這次改革，英國投票人的數目遂增加到一倍以上；但工人階級卻仍未能分潤政權。不過，有一個原則獲得了普遍的承認：國會乃是國家的代表機構。改革後的國會曾通過了若干重要的法案，對英國民主有著重大的影響。第一、是一八三三年的廢除黑奴；第二、是津貼私立（教會）學校，推行自由教育；第三、是一八三四年的《濟貧法》，使窮人的數字大為減少。他如《刑法》的改良、公共衛生局的設立等也都是很有民主意義的立法。

但是這一次溫和改革亦未能完全平息英國的民主要求；接著（一八三五）便有人民憲章運動的興起。憲章運動對於政治民主提出了六項有名的原則：一、成年男子的普選；二、國會每年選舉一次；三、選區的平等；四、秘密投票；五、國會議員選舉不得有財產限制；六、議員須有薪金。此一運動雖未獲任何實際成就，但對英國民主運動的影響卻很重大。

另一個重要事件值得一提的，是一八四六年《穀物法》的廢除。《穀物法》的限制對於地主和貴族階級最為有利，而一般人民卻深受其苦。尤其因為它妨害了貿易自由的原則，中產階級對之更痛恨萬分。一八三八年且有反《穀物法》聯盟的建立，頓時形成一個全國性反對力量，國會終不得不於一八四六年把它廢除了。此項法律的廢除一方面使一般平民生活擔負減輕不少；另一方面則打破了貴族限制中產階級的經濟枷鎖，自由貿易遂成為英國主要國策之一了。

這一連串的社會立法，自由貿易，尤其是工會運動的興起（後面我們將特別討論到），使英國的面貌整個改觀了。英國的第二次改革，其勢已不可避免。一八六七年保守黨領袖狄斯拉里（Disraeli）終於提出第二次國會改革法案。歷史家咸認為，這一次改革才使英國真正的走上了政治民主之路。根據該項法案，選舉區的平等大體上是獲得了；下議院議席增加到六百七十人；選舉權雖沒有完全取消財產的限制，但已大為放寬，此外所有工會會員也都獲得了選舉權。一八七二年通過了秘密投票法案；一八八四年鄉村中的選舉權也獲得擴大，選民增加了百分之四十；一八八五年選區重新劃分的結果，下議院議員的選舉已接近每五萬人一名的程度。因此我們可以說，從一八六七到一八八五年間，英國政治民主已達到了完成的邊緣；人民憲章中所要求的六項，至少已有四項（一、三、四、五項）是真的實現了。

四

從一八六五到一八八五年這二十年間，民主政治不僅在英國獲得了決定性的進展，就整個歐洲來說，我們也可以看出一種民主政治普遍躍進的趨勢。

法國從一八四八年第二共和的建立時期起，原則是重新肯定政治民主的。拿破崙第三的當選總統，便是全國性成年男子普選的結果。前面我們提到，一八七一年第三共和的國民大會也是從成年男子普選中產生的。一八七五年的法國憲法，更進一步地奠定了法國民主體制的基礎。就制度本身說，法國民主的程度還在英國之上：第一、它的上下兩院都是選舉的（英國上議院則是世襲），上院議員是間接選舉，下院議員則是成年男子的普選，而且每一個男子都有投票權，不受財產的限制。第二、它的元首是總統而非國王。法國可以說是歐洲民主國家的前鋒。

俾斯麥統治下的德國原是極端專制的；但一八六七年，俾氏卻允許北德聯邦由成年男子普選而成立了國會；繼之，一八七一年全日耳曼帝國也從普選中產生了一個國會。儘管德國的國會並無權控制政府，然而，俾斯麥居然也要利用民主政治的形式，總是值得我們尋味的事。

義大利與比利時兩國一直仰慕著英國的憲政民主；但中上層階級卻一直不敢把選舉權擴大給人民大眾。一八八二年，義大利始將選民人數增加了一倍，但仍未採用普選制；比利時則於一八九四年取消了選舉權的財產限制。

斯堪底那維亞的三個國家——挪威、瑞典、丹麥——也早就有著民主改革的普遍要求。挪威早在一八一四年便產生了一部民主憲法，但它的國會選舉卻延到一八九八年才確定了普選制。瑞典的舊式階級會議於一八六三年改為兩院制的國會；丹麥一八六六年的憲法修改則擴大了選舉權；不過這兩個國家普選制並未能在十九世紀時建立起來。

瑞士的民主是著名的，它早在一八四八年便完成了全國性的政治體制——具有一個兩院制的國會和一個行政會議。行政與立法兩個機構都受人民直接投票的限制。一八四七年以後，瑞士的民主政治且走上直接民主之路，同時又採用了複決與創制兩種制度，使民主政體又添了一層保障。

葡萄牙早在一八二六年即採取了一部民主憲法，後來又一度廢除了。一八三四年又重新產生了新的憲法，一八五二年此憲法復進一步地獲得充實，規定了下院議員的直接民選制。一八六九年葡國廢除了其殖民地中的奴隸制度；一八八五年又剝奪了貴族世襲上議院議席的權利。

西班牙的民主政治的發展也是一波三折。一八三七年時它已具有民主憲法，後來橫遭女王伊薩伯拉的破壞。一八六九年西班牙重新制定了憲法，保障人民的自由權利，維護宗教寬容，並建立民選國會。一八七三年它更建立起第一共和；但不數年波旁王朝又在該國恢復了君主制度。不過西班牙的民主政治卻未受到政體改變的損害；一八七六年它宣布了新憲法，規定國王須向兩院制的國會負行政責任；國會由民眾選舉產生，元老院議員則是指派的。一八九〇年國會的選舉，復正式建立起成年男子的普選制度。

希臘方面，一八六四年也採取了一種徹底民主的憲法；根據此一憲法，希臘的一院制國會須從成年男子的普選中產生出來。

此外，奧匈帝國、俄國和鄂圖曼帝國等專制國家在此期間也曾有某些形式上的民主傾向；如：一八六七年奧匈帝國的憲法，一八六一年俄國的廢除農奴制，和一八六四年的地方議會的建立，以及鄂圖曼帝國在一八七六年所頒布的憲法等等皆是。然而本質上它們都依然是反民主的，一切形式上的做法實際是無關宏旨的。

在十九世紀中，美國的民主曾有著極重要的進展；關於它，我們將留在後面做較長的檢討，這裡暫且從略。

以上這一番比較研究，很明顯地告訴我們：即使在社會主義最流行的年代，民主主義也仍然沒有失去它舊日的光輝。民主政治之同時出現在歐洲大多數國家中，正反映出大多數人民的共同嚮往所在。雖然，在這一期間近代文明的病症已重，絕非政治民主所能單獨挽救的；但是離開了政治民主的基礎，已有的病症固然無從醫治，新的病症反而相繼發生。極權主義的成長便最足以證實這一論據；下面的史實更會告訴我們：近代文明的新趨勢，卻正是在政治民主的舊基礎之上發芽滋長起來的。

五

共產黨人一向認為他們是工人階級的唯一代表，同時還誣蔑民主制度是資產階級的專利品。十九世紀中葉以來的勞工運動，是不是完全在共產黨人的領導之下的呢？這裡我們要從頭檢討一番。

事實告訴我們，近代勞工運動自始便走著兩條不同的路線：一條是極權主義者的暴動之路；另一條則是在民主體制上進行的工會運動（trade unionism）。前者的成就是極權國家的建立，工人淪為集體奴隸；後者的成就則是工人獲得選舉權，最後並推動了社會立法，促成福利社會的實現。這裡，我特別要提出英、美兩國的工會運動來證實這一論據。

早在十九世紀初年，英國若干王權黨首領即已開始為勞工階級的苦痛呼籲，對中產階級大肆攻擊。一八一九年英國國會循歐文的請求，通過了第一個勞工法案，這是勞工立法的開始。一八三三年國會又通過一項有關童工僱用的法案。一八四八年的法案加強了政府對勞工福利的監督，固定女工與童工的工作時間（不得超過十二小時）。一八四二年的《礦工法》則禁婦女在地下工作，同時男童在十歲以下也不得僱為礦工。此外還有一連串的關於改善勞工的生活法案，如一八四七、一八五五、一八六〇諸年均有極重要的法案獲得通過。

但這些還多少是由政府發端的，不能說明勞工本身力量的成長，其實與這些勞工立法同時，英國的工會運動也發展了起來。早期政府企圖禁止勞工組織的存在，後來勞工組織卻不斷產生，從地方性到全國性的工會紛紛成立，政府終不能不於一八二四年至一八二五年期間部分地承認它們的合法的地位；但其作用卻被限於和平要求增加工資或縮短工時等項。這一次立法的內容雖不能令人滿意，然而勞工組織總算爭到了合法地位，對於工會運動顯然是一種極大的激勵。所以，接著勞工組織便驚人的發展起來了，一八三四年歐文便把英國各部門的勞工團結成一個「全國大聯合工會」，為爭取八小時工時而發動罷工。其時，適逢人民憲章運動興起，一大部分工人階級都被吸引到那一方面去了，故工會運動未能獲得重大的進展。一八四八年憲章運動失敗之後，工會運動又復乘時崛起。工人的目標也逐漸從政治民主轉變到經濟公平方面；工會力量的強大已使得僱主無法撇開工會人員的合作了。一八五一年工程師混合會便是這種新工會運動的前驅。此後，在十九世紀的五十年代和六十年代間，英國到處有新工會的建立，對其後的勞工立法與擴大選舉制均有直接的影響。

和工會同時興起的還有一種合作社團。前者的目的在如何提高工資，後者的目標卻是要減低勞工的生活費用，免除商人的中間剝削。一八四四年工人合作社第一次在羅支德耳（Rochdale）成立，跟著便到處都有這類組織在英國出現。到了十九世紀的七十年代左右，合作社的會員已在數十萬人以上了。

英國工會運動最重要的里程碑是一八七一年的「工會法案」；根據這一法案，工會可以依法保衛它們的行動，工人們還有權集體議價，這對自由契約的原則多少已是一種限制。一八七五年此一法案又再度獲得擴大，工人們增添了和平罷工權。從十九世紀的七十年代開始到二十世紀初年，英國的大工會從八十餘個增到近七百個，會員也從二十萬人發展到四百萬人以上。一九〇六年英國工黨的產生，可以說是工人階級力量成長的最高表現。

一八八四年英國的第三次改革再度擴大了政治民主的基礎，選舉權的財產限制至此才完全取消。工人階級也跟著在政治上向前邁進了一步。

美國工會運動也有一段漫長的歷史，遠在開國之初，便已存在著地方性的工會；十九世紀六十年代又有一些技工聯合會的組織出現。南北戰爭期間，美國一共具有三種性質不同的勞工組織：一種是技工聯合會；一是工業聯合會（勞工武士會即其中一種）；還有一種是革命的勞工集團。

勞工武士會最初的目的在以政治示威、教育，與工人合作等方法為工人階級爭取勝利，如八小時工作制、廢除童工、公共事業國營、土地改革，以及徵收所得稅與遺產稅等。一八八五年以後，該會開始舉行罷工，會員因之大增。但後來，因為牽涉到一次暴動事件，失去許多人的同情，遂逐漸趨於沒落。美國勞工聯合會（A. F. L.）成立於一八八六年，與英國工會組織頗相似；其目標為提高工資、減少工時、禁止童工，以及勞工保健等等。這一組織的政策比較溫和，步伐也比較穩健，所以深獲美國工人的擁戴；一九二四年時它已擁有將近三百萬的會員。祇有革命的勞工組織在美國始終抬不起頭來。原因很簡單，美國工人根本痛恨暴動與恐怖。

美國工人的罷工到十九世紀中葉才開始，此後罷工事件便層出不窮。二十世紀之初，美國勞工憑著他們自己的團結與不息的奮鬥，已獲得大部分基本權利，如集會結社、罷工、集體議價等等。但勞工階級的生活卻並未因此而有任何根本的改善，於是勞工運動的目標便指向他們的經濟與社會的利益了。從一九三三到一九四〇年間，美國勞工立法和社會立法在程度上已超越了其他民主國家（見本章第七節）。這些成就都是有組織的勞工集團，循著民主的軌道追求得來的。

最後，我們要談到國際勞工的組織。早在一九一九年，隨著國際聯盟的誕生，即出現了國際勞動局（I. L. D.）。該局為國聯中最重要的機構之一，它的建立說明了「勞資關係乃是一種國際性的問題」。女工、童工、夜工、失業，以及其他種種勞工利益的問題都是它所要解決的。第二次大戰後，聯合國成立，國際勞工組織也隨著時代的進展而擴大了組織的宗旨。它在一九四四年的《費城憲章》中曾宣布了五項要點為其組織的基本原則。

一、任何一處的貧窮是為各地繁榮之危害。

二、對於匱乏的鬥爭，各國進行始終不懈，國際間亦須一致繼續努力。

三、全人類，不分種族、信仰或性別，均有權在自由、自尊、經濟安全與機會均等的條件下，謀取其物質幸福與精神發展。

四、充分就業並提高生活標準。

五、對於世界上的生產資源須加以充分更廣大的利用，而此種利用均賴國內和國際間的有效行動。

從工會發展的歷史中我們可以看出：勞工階級最初僅為工資與工作時間而奮鬥，到了現在，他們的眼光已經擴大到爭取一種世界性的民主了。上述五點，不僅照顧到了勞工階級的利益，同時也為近代民主主義指出了一個新的方向。

六

歷史跨進了二十世紀，近代文明的新趨勢便很明顯的表露出來了。民主主義已越出政治的狹隘範疇，而邁向經濟與社會的新天地中。前面我們已經看到，英國的三次大改革與一連串的社會立法如何改進了工人的生活。二十世紀以後，由於勞工問題的愈來愈嚴重，社會與經濟的民主便更需要我們努力以赴。認真地說，近代民主主義的重大躍進乃是二十世紀以後的事。十九世紀雖然有許多零星的進步，但在性質上依然屬於舊民主的範疇之內。

這一民主的新趨勢是一種普遍的進步，並不止於某一兩個國家。德國早在十九世紀八十年代，即已最先開始了社會保險，改善了一般勞工階級的生活；法國於二十世紀初年也已實施社會保險的法案。但我在這裡仍祇能提出英、美兩國來加以檢討；這是因為祇有這兩大民主國家在經濟與社會方面的不流血革命進行的最為徹底，成績也最好的緣故。

英國早在一八七八年到一九〇一年之間的社會立法，已使工人生活獲得重大的改進。到了二十世紀初年，英國即採取了政府干涉勞資關係的政策，從此工人便不再受資本家的不合理剝削了。一九〇六年自由黨執政，在此後六年期間，英國通過了若干社會保險立法，保障工人於疾病、遇險、殘廢和失業時的生活安全。

英國二十世紀最有意義的進步，是工人階級的掌握政權。一九〇六年，當時工黨在國會仍祇占二十九席。到了一九二四年，工黨領袖麥唐納（Ramsay MacDonald）竟在自由黨的協助之下，開始其第一次組閣。

但英國畢竟是有著和平漸進的歷史傳統的工黨，執政後也並沒有走上蘇俄式的極權道路。麥唐納曾明白說過：「我們工黨運動絕無任何意圖，要從近路走向千禧年（Millennium）。」後來工黨因遭遇種種實際困難，政策無法推行，於是乃解散國會，重新選舉；但工黨因於競選前發表了一封第三國際首領齊諾維夫鼓勵英國共產黨人準備革命的信，深深地引起了一般人民的反感，保守黨與自由黨更對此大肆抨擊。工黨終於因此落選。這可以看出民主基礎上的經濟與社會改良，絕無須也不可能採取暴力革命的途徑。

就普選權利方面說，英國於三次大改革之後，仍有一百八十萬無組織的勞工未能享有選舉權，一九一八年與一九二八年兩次改革終於解決了此一問題。自此以後，英國不分男女，到二十一歲時即可獲得一張選票。

一九一四年以來的兩次世界大戰，對英國民主新方向的開拓頗有影響，原因是戰爭妨害了國際貿易，國家經濟陷於極端困難的境地。但即使在這種艱困的階段，英國也沒有放棄其社會福利政策的推行。第一次大戰後，社會保險的範圍仍大大地推廣了。二十世紀二十年代中，英國的失業救濟已普及於一切失業人員，一九三〇年失業救濟金的頒發又再度擴大，一九三四年復有失業法案的制定，除對原有的保險計劃加以修正外，同時還設立了一種失業救助部，負責救濟所有身體強壯的窮人。一九四二年柏弗立芝（Lord Beveridge）復為自由世界提出了一種最完美的社會保險法案；保險的對象不祇是工人階級，而是包括著全體人民。第二次大戰爆發後，工黨參加聯合政府，一直到一九五〇年，英國的立法都是朝著社會福利與大企業國有化的目標前進。前者是英國傳統社會立法的延續，後者則是工黨的新貢獻。福利計劃中，尤以社會保險、教育和國民健康，為最主要的三大項目。關於第一項我們已說了不少，現在讓我們就後兩項加以分析。

早在一九〇二年，英國即通過了一種教育法案，設立了許多中學，使許多有才智而又無力就學的兒童獲得免費入學的機會。一九一八年更進步的教育法案，則因經濟困難而未能實行。更重要的是一九二六年哈多委員會所發表的教育報告。該報告建議根本改革公共教育，一九四四年所通過的教育法案，便涵攝了其中的許多要點。這個新教育計劃在英國教育史上具有劃時代的意義。根據這一法案，英國教育當局遂設立一種新的教育組織，把全部教育過程（從幼稚園到大學以上）分成三個階段：初級、中級和更高級的教育。國家必須要使兒童求學到十五歲或十六歲。中學畢業後，兒童至少須以部分時間入各州所設立之大學去讀書，但每年上課時間，不得少於三百三十小時。除不肯依照教育法令讀書的學生外，所有各級學生都享受免費待遇。此一教育政策推行普遍之後，英國一般人民的文化水準勢將提高到驚人的程度。

在公共健康方面，聯合政府時代衛生部長貝萬（Aneurin Bevan）即提出了全國健康保險和國家供應醫療設備的方案；一九四八年七月，此一方案遂獲得實施。每週繳付疾病保險費的計劃遂推廣到全國各地，從此參加保險計劃的病人不僅可享有免費治療、免費醫藥的權利，而且還有選擇醫生的自由。病人治療期間的工資損失亦應由國家賠償。

健康保險計劃已使得許多貧窮的病人都獲得了治療的保障，此外，疾病預防計劃的實行更大大地改善了一般人民的健康。

最後說到工黨的大企業國有化的政策。國有化政策是工黨走向「社會主義」理想的最重要步驟。一九四五年工黨執政以後，便開始推行此一政策。首先是一九四六年英國銀行改為國營，接著煤礦、交通、電氣等等大企業也都先後國有化了。但這些措施並未引起資本家的強烈反對。譬如，英國銀行早已與各屆政府有著密切的關係，它的最後控制權的轉移，根本對它的職能沒有絲毫影響。煤礦業亦然，英國各黨久已對煤礦業的情形表示不滿，礦工們更早就通過工會要求國有化了。祇有鋼鐵業國有化引起了人們的嚴重反對，這因為英國的鋼鐵企業中的勞資關係向極融洽，而且它曾經一度是政府補助的壟斷企業，產額記錄又極其優越；因此很多人認為國有化乃是一種多餘的做法。但最後，工黨還是利用種種方法把鋼鐵法案通過了。

就戰後工黨執政期間的成就說，可以分為兩大目標：一是促進階級之間的更大平等；一是充分就業。為了要使英國無產階級社會的早日到來，工黨一方面加重中上層階級的稅賦，一方面又盡力使新社會保險計劃籠罩到每一個英國人民。

英國工黨所實行的「社會主義」，實際上祇是社會化的經濟政策，它與蘇俄的計劃經濟有著本質上的不同。前者是以民主體制為基礎的經濟改革，後者則是通過經濟的控制以完成極權主義的絕對統治。因之，我們與其說工黨所實行的那一套辦法是新興的社會主義，倒毋寧說它是傳統民主主義的延長與新發展。經濟國有化政策的試驗，我們顯然已能認清，財產公有並不是一種萬全之策，更談不上是絕對的善。最顯著的例證，莫過於英國鋼鐵企業的國有化了。在實施前，人們（包括勞資雙方）已經強烈地反對；國營後不僅沒有什麼進步，而且還遭遇了種種新的困難。

最後保守黨上臺，終於取消了此一法案。

在解決失業問題上，保守黨比工黨更為積極；在推行社會福利政策方面，保守黨也完全贊同工黨的做法；但保守黨卻不盡同意國有化的政策，主張仍應該保留私人企業，以收觀摩比較之效。我們不能膚淺地指責保守黨落伍或反動；至少就英國情形說，它的主張確是一劑發人深省的涼藥。

縱覽二十世紀以後英國傳統民主在經濟與社會方面的巨大進展，我們顯然已能窺見近代文明的新曙光與新趨向。循此方向前進，人類文明的前途無疑是一片光明的。而且，這種趨向不僅在英國為然，在美國也是一樣。

七

在敘述近代民主主義的演進時，我很少提到美國民主的發展，祇有在第五章討論民主革命時，我才約略地指出了美國獨立革命對民主政治的貢獻。這因為：一則美國的民主是繼承著英國的傳統，一則美國立國較遲，在傳統民主的發展中，未能占據重要的地位。但在探索民主的新趨勢時，我們便不能不以較長的篇幅追溯美國民主的重大發展。

美國是一個新興的民主國家，由於它不受專制主義的社會傳統的束縛，因此特別有利於民主的發展。這可以從美國人民之反對歐洲的專制傳統，和獨立革命的成功上獲得的證明。早在一八三五年，名政論家吐克威爾（Tocqueville）便寫了一本《美國的民主》（*Democracy in America*），對美國的民主制度頗為頌揚，他認為美國民主的基礎是「條件的一般平等」。此外，他還提醒人們注意美國憲法的優點，美國憲法中最足以保障民主制度的規定，乃是立法與行政權力同樣受人民投票權的支配；而聯邦政府由於為牽制與平衡的原則所限，也無法濫用權力。一七九一年所採納的十條憲法的修改案，復把人民的基本權利，一一列舉了出來。

一八〇〇年實是美國民主的一個決定性關頭，以農民、技工、店員及其他勞動大眾為後盾的傑弗遜（Thomas Jefferson）當選總統，充分地說明了民主時代的到來。一七八九年時，很多人還懷疑此一新興的共和國及其民主憲法是否能持續下去，這時人們卻已看到了美國民主的輝煌前途。傑弗遜是革命領袖，同時也是民主理論家；在他兩任總統期內，美國的民主有著重要的進展；各州也先後取消了選舉和任職的財產限制。

但是從十九世紀初葉開始，美國的資本主義已逐漸走向壟斷之路，吐克威爾所讚揚的「條件的一般平等」已經消失了。幸而一八二八年傑克遜（Andrew Jackson）當選總統，美國民主又獲得了劃時代的躍進。傑氏原是赤貧出身，故具有樸素的民主作風。他的最大功績便是為美國開創了一種民主的生活方式。他最恨當時財富壟斷的勢力，曾不惜擴大政府權力以與之鬥爭。美國一般人民的政治意識，便在這種情形下普遍地提高了。

美國南北戰爭爆發於一八六一年，人人都知道這一次戰爭的最大成就，乃是黑奴的解放。林肯總統的名言「我們不能一半自由，一半奴隸」，更充分表露出這一戰爭的民主意義。當然，我們不應忽視這一戰爭的經濟利益的因素，但同樣地，我們更不應該祇看見它的現實原因，而無視於它的理想成分。憲法第十三、十四和第十五條的修改案。確使黑奴在法律上享有了平等的地位；這實在不能說不是一個巨大的社會進步。

戰爭結束以後，美國工業革命展開了。傑弗遜、傑克遜諸人所嚮往、所倡導的農業民主的時代頓成過去，而他們所憎惡的工業社會卻突然到來。經濟建設的突飛猛進，雖然使美國一躍而成為世界頭等工業大國，但它的經濟與社會方面的嚴重不平等現象也隨之而來。從十九世紀八十年代起，托拉斯的組織開始出現了。一個大資本家的兒子說得好：「美國美麗的玫瑰花，祇有犧牲那些生長在他周圍的早期蓓蕾才能求其燦爛芬芳。」經濟的不民主嚴重地影響到政治的民主，在內戰後三十年內，大資產階級不獨主宰了全國的立法，而且還控制著各州的立法。

這樣，到了十九世紀末葉，各方面對於這種經濟壟斷的攻擊紛紛興起。早在一八七〇年，農民即已反對鐵路的壟斷，結果政府遂不得不採取行動，加以管制，一八九〇年薛爾曼（Sherman）提出了著名的反托拉斯法案，但壟斷經濟並未因此終結，反之，更巨大的托拉斯卻依然相繼出現。

美國的民主，至此已經面臨著嚴重的挑戰，很多人都懷疑民主政治是否可以持續不墜；如果美國不能在經濟與社會方面開拓民主的新方向，它的光榮的自由民主傳統，眼看著便有喪失的危險。

一九〇一年老羅斯福（Theodore Roosevelt）上臺後，便開始與此種財閥勢力展開了鬥爭。但羅氏祇是一個溫和的民主主義者；儘管他力圖救治美國經濟極端不平等的罪惡，但他並無意對經濟制度來一次根本革命。他認為：「工業制度的重大發展，其意義自然指明政府方面當加強其管轄該項事業的權力。」因此老羅斯福於推行反托拉斯法案時，專門從「加強管轄」著手。他執政期間的最大成就之一，便是政府監督鐵路事業。一九二〇年美國煤礦業大罷工時，他也挺身而出，為勞工階級爭取利益，而迫使資方就範。羅氏既認為解決經濟壟斷的辦法是「加強管轄」，於是他便擴大政府的權力，希望把大企業改為一種公共福利的力量。就這一點而言，羅氏的見解確與英國工黨的政策距離甚近。

在一九一二年的總統競選中，民主黨產生一個偉大的民主主義者——威爾遜，他提出了一套通向「新自由」之路的全面建設性的改革計劃；主要便是針對著當時經濟與社會方面的不平等現象而發的。同時，在積極方面，他還要保護婦孺老弱的健康與福利。威爾遜的競選主張是如此地適合一般人民的需要，這終於使他戰勝了老羅斯福，而當選為總統。他執政伊始便實踐諾言，改革了「促使政府成為私人利益之輕便工具的關稅制度」。這是美國五十年來第一次真正的改革。接著他又改革了銀行制度。更值得注意的是他對托拉斯的統制，一九一四年的克萊頓反托拉斯法案，可以說是威氏執政期間的最大立法成就之一。此外，聯邦農業貸款法案則使農民可以用最低利息獲得借款；勞工的生活也獲得了新立法的保障。

威爾遜的社會與經濟民主，顯然已指出了美國民主的新趨勢。第一次世界大戰後，美國的保守勢力雖然再度抬頭，但此一新趨勢並未因此中斷。於是，一九三三年美國又產生了另一個民主領袖——佛蘭克林．羅斯福及其「新政」。

羅斯福就職時正值美國經濟大恐慌（開始於一九二八年）的最嚴重階段。羅氏遍請了全國的專家學者商討革新辦法，結果決定實行（新政）。新政看來似乎很激進，其實它完全是傑弗遜主義與威爾遜民主更進一步發展。在理論上它是民主的，但在方法上它卻具有革命性。一方面它抵抗左傾的暴力，另一方面又抵抗右傾的盲目。一言以蔽之，它是要高舉憲法來保障利益均衡，個人和財產的安全與自由。

新政的主要內容包括社會安全、政治方法、金融、水力、農業、勞工生活等項。羅斯福首先把銀行的控制權奪到政府手中，接著又擊破了電氣企業的壟斷，提高資本家的所得稅；最後並興建田納西水利工程，展開了大規模的農業復興計劃。在勞工生活的改進方面，一九三三年的國家復興法案旨在縮短工時、提高工資、禁止童工，並保障集體議價的權利。此一法案最初為反動的最高法院所駁回；幸而國會又於一九三五、一九三八兩年通過了兩項法案，保障了工人的基本權利，使他們獲得空前的公平待遇。此外工會組織也紛紛崛起，象徵著勞工力量的日益壯大。

在社會保險方面，一九三五年國會通過了一批社會安全法案，使失業、年老與殘廢之人均獲得可靠的保障，此一計劃推行不久即得到人們的普遍擁護，而其服務範圍也隨著時間的延長而日益擴展著。

最後說到新政下的農業狀況。一九三三年的農業調整法案，由政府給予農民一部分津貼以使農民自動減少農作物的產量。此一法案雖和國家復興法案同樣被最高法院駁回，但國會卻又通過一種農業救濟法案。根據後者，農民可以一部分土地專種保養土壤的農作物，而由政府給予若干津貼；這一計劃很快地便得到農民們的贊助，不數年間，參加此項計劃的農民為數竟達六百萬之多。不僅如此，政府另外還設有機構專司農民貸款與資助佃農購買土地。由於這種種改善措施，到羅斯福第二屆總統任滿時，農業收入已增加到一倍以上。

很顯然的，從二十世紀開始，美國民主已經一步一步地邁上了經濟與社會平等的途徑。老羅斯福企圖將大企業改為公共福利的力量，在方向上無疑與英國工黨的國有化政策是一致的。再就新政在各方面的實際表現說，我們也看不出英、美民主的新趨勢在原則上有任何分歧之處，不僅英、美兩大民主國家的發展方向如此，一九四八年聯合國所通過的《世界人權宣言》也說明了民主的新趨勢是經濟與社會的民主化。《世界人權宣言》係根據各國專家與政府的意見而起草的；其中除一再強調傳統的個人自由的民主基礎外，同時對社會保險、就業的權利與選擇、勞工組織、義務教育、公共衛生，以及文化活動等各項權利都有著詳盡的規定。由此看來，這一新的趨勢不僅在實際上已有了表現，而且在理論上也鞏固地成長起來了。

最後，我特別願意提出羅斯福總統在一九四二年倡導的四大自由，來強調民主發展的新趨勢的意義。這四大自由是：

第一是無所不在的言論自由；

第二是無所不在的每一個人都有根據他自己的方式而信仰上帝的自由；

第三是無所不在的免於匱乏的自由，用世界眼光來看，也就是意味著一種將可以保障每一個居民健全之平時生活的經濟協議；

第四是無所不在的免於恐懼的自由，用世界眼光來看，也就是意味著一種世界性的裁軍，這種裁軍要達到一種徹底的程度，使得任何國家都無法向鄰國從事武裝侵略。

這裏我們應該可以看出：四大自由中的第三項便在啟示著民主主義的最新內容；第四項雖然是指著國際和平，但它卻必須建築在前三大自由的基礎之上。前兩項自由初看似乎很陳舊，可是就羅斯福說話的時代言，顯然另具重大的意義。它絕不是舊民主理想的重述，反之，倒意味著新的政治與文化民主的開展。

八

追溯了十九世紀以來民主的新發展，我們對於近代文明前途的信念顯然增強了。極權主義興起之後，民主不僅沒有衰落，而且還有著新的躍進。共產黨人的謊言說：民主是資產階級的「專政」，要實現新的民主必須推翻現存的民主體制。真相如何呢？現代的經濟與社會的民主正是在傳統的政治基礎上發展出來的。如果沒有政治民主，勞工階級的力量顯然便無法成長，勞工力量不發達，自然更不會產生一連串的勞工立法，這樣，經濟與社會民主更何從實現呢？明乎此，我們便不能不珍重自十五世紀以來的近代文明的全部成就了。近代文明的成就絕不屬於任何一個階級；它是屬於全人類的。不僅現代民主有著漫長的歷史傳統，極權主義也有其特定的歷史根源。一般地說，極權主義在理論上雖然有它的新添部分，可是在實踐中它卻必須與舊專制傳統緊密的結合在一起。俄國、德國、義大利的極權政權卻各有其深厚的專制制度作背景，便是這一真理的最好明證。

毫無疑問，近代文明經過極權主義這一番衝擊，已經展開了它的新生命；這一新生命是前途無限的，它已將社會一切階級消融在它的博大寬厚的體系之內。政治、經濟、文化、社會各方面的齊頭並進，很清晰地指示出人類究將何去何從。誠然，極權主義的挑戰目前仍未消失，而且從表面上看，今天正是近代文明的最黑暗的階段。然而歷史告訴我們，民主在早期曾經光榮地擊垮了中古的專制制度；在極權主義挑戰之初，它雖顯得張皇失措，但由於近數十多年來它本身已經重新獲得調整，所以我們可以有一切理由深信，它仍然能夠在與極權主義的鬥爭中贏得完全的最後勝利。

如果我們祇看一九一七年以來的世界歷史，我們當然是要被極權主義的驚人擴展迷亂住視線的。尤其是第二次大戰後，共產主義的洪流泛濫了半個地球，「彼得大帝的雄圖」似乎眼看著就要實現了。但是，歷史是無情的，當我們把近代文明的舊帳重新清理一番之後，我們實不能不承認：極權主義最多不過是近百年來（一八四八年以來）的一個微小的歷史反動而已。和那具有四、五百年歷史的近代文明的大潮流大趨勢比較起來，極權主義絲毫沒有值得我們害怕的地方。在短短幾十年的個人人生路上，我們還不免要遭受種種疾病與痛苦的打擊，人類整個文明在其演進的途中偶然遇到小小的挫折又算得什麼呢！其實，極權主義在形式上儘管很成功，它的基礎卻異常脆弱；專制主義的舊傳統在近代文明初露曙光時便要消失了，它在絕大多數人們的心中已產生了普遍的憎惡。因此我們看到，無論是俄國、德國或義大利，在其極權制度未建立之前，同樣都存在著明顯的民主主義的傾向，這可以看出民主的種子是怎樣廣泛地散播在人們的心靈深處了。雖然限於歷史與社會背景，這些民主種子一時並未能發芽滋長起來；可是我們可以想像得到，當春天再露消息的時候，這些種子總會有抽苗的一天。專制主義僥倖地在極權主義的新形態下暫時復活著，由於它在人們的心頭已完全死去，它的傾覆實際上也祇是時間問題罷了。

極權主義產生於十九世紀的特殊時代條件，這些條件現在則已根本不存在了。現代經濟與社會的新民主趨勢形成之後，勞工階級不僅在經濟上獲得了解放，在政治上且已進入當權的時代。馬克思時代的民主和現代民主之間的差異不祇是程度上的，而且是性質上的；無視於民主主義在這一百年來的巨大進展，無視於近數十年來所產生的新趨勢，是沒有任何資格來討論現代社會問題的，更不必說什麼解決社會問題了。

共產主義的理論基礎是一切理論中最偏狹的一種，而它的態度的專橫武斷更沒有任何其他學派可以與之比擬。共產黨人先把眼光集中在經濟問題上，於是他們祇看到階級鬥爭；進而他們復將注意力凝聚於生產工具的變革上，以為一切人類文明的成就都祇是生產工具的產物，於是一切文化的價值也都統統被否定了。近代文明中，民主政治的發展、自由文化的創造、平等社會的建立雖非完全與經濟制度無關，但它們之各具有獨立的範疇也是不容抹殺的事實。而極權主義者對此竟視若無睹；那麼，我們怎能相信他們所提出的道路是人類新生的正確方向呢？

最後，在結束本書之前，我特別要提出未來文化運動的新方向問題來談一談。

在本書開始時，我已指出近代文化的早期方向是人文主義的，同時，我並提供了許多歷史事實來證明這一論點。接著，我更不止一次地說過，近代民主主義的根本精神便是人文主義。人文主義戰勝了中古的唯神主義，人的價值普遍地獲得尊重與提高，於是逐漸地產生了近代的民主社會。到了十九世紀以後，世界上興起了一個新的思潮——唯物主義。關於唯物主義的根源，我已經在第七章中有所分析，這裡姑且從略。唯物主義對我們有什麼影響呢？簡言之，是人的價值與尊嚴的再度低落。唯物主義與唯神主義在積極的理論上雖然分道揚鑣，在反人文主義方面卻毫無二致。唯物思想的流行帶來了極權主義，近代文明因此遭到了致命的打擊。所以，壓根到底，我們可以說，人文主義的衰落是使民主主義趨向暗淡的根本原因；同時，也是極權洪流得以泛濫無歸的緣由之一。怎樣才能使民主主義的光輝重新照耀人類呢？在本章中我已扼要地敘述了人們在現實方面努力的結果。但是據我個人的看法，無論這種努力的成就多大，它最多也祇能是治標的。要從根本上醫治近代文明的弊病，除了人文主義東山再起之外，實別無其它捷徑可尋。

但是人文主義的再興並不是舊人文主義的復活，反之，倒毋寧是新人文思想的創造。新人文主義是什麼呢？這是要專書研究的問題，在這裡，我所能指出的，祇是它的大方向與大趨勢而已。舊人文主義自始便有一個嚴重的錯誤：帶有濃厚的浪漫主義的色彩。人們剛從唯神主義的束縛中解放出來之後，一時祇盲目的自以為是宇宙與社會的中心，而未能看到宇宙與社會對人類限制的那一方面。及至後來科學發達，物質文明一日千里，人們遂又迷失了本性，從極端樂觀的人文主義，一轉而為極端悲觀的唯物主義。倘使我們早就瞭解到人類的智慧必須與自然和社會環境的限制獲得協調，然後文明才能向前發展；那麼唯物思想可能根本就不會發生了。因為人們過分自大了，所以很快地又變成了過分的自卑；這種轉變是可以從心理學上找到根據的。新人文主義與舊人文主義的最大不同便在這裡。新人文主義依然承認物的世界對人的限制與影響。人類祇能在克服了物的限制以後才可能創造文明，而不是不顧一切的盲動就可以達到理想。孔子說：「從心所欲不踰矩。」這雖是哲人修養的最高境界，卻道破了新人文主義的特質。人類文明的最高理想是「從心所欲」，但「從心所欲」並不是容易獲致的，祇有「不踰矩」——控制了自然與社會環境，才真正能夠做到；否則祇是烏托邦的幻想而已。因此在這一點上，新人文主義不僅揚棄了唯物論與唯心論，而且還大大超越了它們。

這便是我們未來新文化運動的大趨向。

附錄

《西方民主制度與近代文明》重版識語

本書上篇原名「民主制度之發展」，下篇原名「近代文明的新趨勢」，均曾單獨印行。此次重印，彙成一冊。一九五〇年代初期，西方式的民主在中國人的觀念中正陷入一個空前的低潮。民主究竟是怎樣從西方的思想和制度中逐漸發展出來的？當時一般讀者不但不大瞭解，而且根本已失去了瞭解的興趣。我當時住在中國大陸邊緣的香港，對這一情況體會得尤其深刻。這兩冊書便是在這種背景之下編寫出來的。當時我正在新亞書院修業，難民學校當然沒有什麼圖書館，家中藏書也因避難而蕩然無存。我所能利用的圖書館祇有香港英國文化協會（British Council）和美國新聞處兩地。這兩個機構都設在香港，離我的九龍寓所甚遠。我祇有在課餘和編餘（我那時在《自由陣線》週刊社兼任一部分編輯工作）之暇到這兩個地方去查書和借書。所以這兩冊書都是在資料極端困難的情形下寫成的。

以性質而言，《民主制度之發展》偏重在制度的成長，而《近代文明的新趨勢》則注重民主的一般的文化背景。故二者可以互相補充之處甚多。至於兩書的取材，我當時的考慮主要在如何一方面照顧到中國讀者的特殊需要，而另一方面又不致歪曲西方歷史的本來面目。但限於學力和環境，成績是遠不夠理想的。

最後我要特別說明，《民主制度之發展》一書無論在設計或剪裁方面，當時都曾受到先父協中公的指導。沒有他老人家的親切指示，這本書是絕對寫不成的。趁此重版的機會，謹以此書獻給他老人家的在天之靈。

余英時　一九八一年十一月十一日於耶魯大學

余英時文集13

近代文明的新趨勢：十九世紀以來的民主發展

2022年8月初版 定價：新臺幣320元

著　　者　余英時
總 策 劃　林載爵
總 編 輯　涂豐恩
副總編輯　陳逸華
特約主編　官子程
叢書主編　沙淑芬
校　　對　蔡竣宇
內文排版　菩薩蠻
封面設計　莊謹銘

出 版 者　聯經出版事業股份有限公司
地　　址　新北市汐止區大同路一段369號1樓
叢書主編電話　(02)86925588轉5310
台北聯經書房　台北市新生南路三段94號
電　　話　(02)23620308
台中辦事處　(04)22312023
台中電子信箱　e-mail：linking2@ms42.hinet.net
郵政劃撥帳戶第0100559-3號
郵撥電話　(02)23620308
印 刷 者　世和印製企業有限公司
總 經 銷　聯合發行股份有限公司
發 行 所　新北市新店區寶橋路235巷6弄6號2樓
電　　話　(02)29178022

總 經 理　陳芝宇
社　　長　羅國俊
發 行 人　林載爵

行政院新聞局出版事業登記證局版臺業字第0130號

本書如有缺頁，破損，倒裝請寄回台北聯經書房更換。 ISBN 978-957-08-6395-6 (平裝)
聯經網址：www.linkingbooks.com.tw
電子信箱：linking@udngroup.com

國家圖書館出版品預行編目資料

近代文明的新趨勢：十九世紀以來的民主發展/余英時著．
初版．新北市．聯經．2022年8月．224面．14.8×21公分
（余英時文集13）
ISBN 978-957-08-6395-6（平裝）

1.CST：民主政治 2.CST：民主主義 3.CST：政治思想史

571.6 111009386